KB082089

Design Thinking:

Understanding How Designers Think and Work

by Nigel Cross

디자이너의 일과 생각

Design Thinking: Understanding How Designers Think and Work

2013년 4월 22일 초판 발행 ○ 2021년 3월 22일 2판 2쇄 발행
지은이 나이절 크로스 ○ **옮긴이** 박성은 ○ **펴낸이** 안미르 ○ **주간** 문지숙 ○ **아트디렉터** 안마노
편집 이현미 민구홍 우하경 ○ **디자인** 김동신 ○ **2판 디자인** 옥이랑 ○ **영업관리** 황아리 ○ **커뮤니케이션** 김나영
인쇄·제책 스크린그래픽 ○ **후가공** 한진금박 ○ **펴낸곳** (주)안그라픽스 우10881 경기도 파주시 회동길 125-15
전화 031.955.7766(편집) 031.955.7755(고객서비스) ○ **팩스** 031.955.7744 ○ **이메일** agdesign@ag.co.kr
웹사이트 www.agbook.co.kr ○ **등록번호** 제2-236(1975.7.7)

이 책의 국립중앙도서관 출판시도서목록(CIP)은 e-CIP홈페이지(www.nl.go.kr/ecip)와
국가자료공동목록시스템(www.nl.go.kr/kolisnet)에서 이용하실 수 있습니다.
CIP제어번호: CIP2020016348

ISBN 978.89.7059.108.7(03600)

디자이너의 일과 생각

나이절 크로스 지음
박성은 옮김

나이절 크로스의
생각하는
디자인

안그라픽스

추천하며

최근 들어 디자인 사고design thinking에 대한 다양한 연구와 논의 그리고 학술 발표가 이루어지고 있다. 특히 미국 IDEO의 팀 브라운Tim Brown이 이를 적극 제기하고 다양한 프로젝트에 적용하면서 논의가 활발해졌다. 또한 로저 마틴Roger Martin이 『비즈니스 디자인: 왜 디자인 사고가 미래의 경쟁 우위인가The Design of Business : Why Design Thinking is the Next Competitive Advantage』에서 디자인 사고에 대해 보다 체계적으로 기술하면서 논의가 급속히 확산되었다.

하지만 디자인 사고에 대한 논의는 1980년대에 이미 이 책의 지은이 나이절 크로스가 이른바 디자이너 나름의 사고방식Designerly Ways of Knowing을 주창하고 영국의 디자인 방법 연구자 브라이언 로슨Bryan Lawson이 『디자이너는 어떻게 사고하는가 How Designers Think』라는 책을 펴내면서 시작되었다.

디자인 사고에 대한 이런 연구는 제2차 세계대전 뒤 디자인의 과학화, 체계화 등의 디자인 방법론 운동이 전개되면서 시작되었다. 시스템 공학, 오퍼레이션 리서치Operations research, OR, 산업 공학 등에서 도입해 아무런 변형 없이 디자인에 적용한 방법이 디자인 문제 해결에는 적합하지 않다고 밝혀졌기 때문이다. 디자이너의 문제 해결 과정의 특성을 밝히고 이에 맞는 디자인 방법을 개발해야 한다는 소위 2세대 디자인 방법론 운동의 시작이었다.

디자인 사고의 연구자들 가운데 특히 나이절 크로스는 세계적인 디자인 잡지 《디자인스터디스Design Studies》 편집장으로, 가장 권위 있는 디자인 학회 중 하나인 디자인리서치소사이어티Design Research Society 회장과 세계디자인학회International Association of Societies of Design Research 회장을 역임한 디자인학 연구의 선구자이다. 또한 그는 일찍이 브루스 아처Bruce Archer, 크리스토퍼 존스Christopher Jones 등 초기 디자인 방법론자들에 이어 디자인 방법론과 프로세스 연구를 꾸준히 해오고 있다.

특히 이 책 『디자이너의 일과 생각』에서 잘 드러나듯이, 나이절 크로스는 단순히 디자인 프로세스 이론만 제기하지 않는다. 실제 다양한 유형의 디자이너들이 어떻게 디자인하는지 직접 관찰하여 사례 중심의 매우 실증적인 연구를 진행하는 것으로 유명하다. 또한 크로스는 포괄적인 의미의 디자인 사고에 대한 기본뿐 아니라 다양한 유형의 디자이너들이 어떤 세세한 사고의 차이를 보이는지 비교 연구해 그 가치를 더했다. 이 책은 이러한 그의 오랜 연구 결과를 집대성한 것이다.

실증적 사례 중심으로 이루어진 이 책에는 나이절 크로스의 오랜 디자인 교육, 연구 경험을 통해 디자인 사고를 학문적으로 정립하려는 디자인학 연구자의 의도가 잘 나타나 있다. 따라서 지은이가 본문에서 밝혔듯이, 이 책은 어떤 디자인 방법에 대한 단순 모음집이 아니라 디자이너들의 디자인 과정을 실질적으로 관찰하고 여기서 발견된 점을 학문적으로 제시해 실무 디자이너뿐 아니라 디자인 교육자, 연구자 등에게도 매우 유용할 것이다. 전 세계적으로 디자인 박사 과정 개설, 디자인 학회 설립, 디자인 잡지 발간 등 디자인학 정립을 위한 다양한 움직임이 나타나고 있다. 이 책은 디자인학 연구의 매우 중요한 기본 틀을 제공한다.

이건표(카이스트 산업디자인학과 교수)

들어가며

이 책 『디자이너의 일과 생각』의 목표는 디자인에 관심 있는 사람들이 디자이너가 어떻게 생각하고 일하는지 이해할 수 있도록 돕는 것이다. 이 책의 독자는 디자인 전공 학생, 디자인 연구자, 교사, 디자인 지향적인 회사의 관리자, 어쩌면 아직 디자인 작업 과정을 어렵고 생소하게 느끼는 실무 디자이너일 수도 있다. 이 책은 디자이너들이 어떤 일들을 하는지 보여주고, 디자인 능력의 본질을 이해할 수 있도록 하였다. 책을 읽으면서 디자이너가 된다는 것은 어떤 의미가 있는지, 디자이너가 어떻게 창조적인 사고 능력을 활용하는지, 디자인 능력의 다양한 측면에는 어떤 것들이 있는지, 디자인 초보에서 디자인 전문가로 성장하는 과정은 어떠한지에 대한 통찰력을 얻을 수 있을 것이다.

나는 건축과 산업 디자인을 전공했지만 다양한 디자인 분야에서 공통적으로 나타나는 면에 관심을 가지고 연구하는 디자인 연구자이다. 디자이너들이 어떻게 생각하고 일하는지 이해하기 위한 나의 접근법은 연구를 기반으로 한다.

나는 관찰, 실험, 분석, 고찰을 통한 증거를 탐색하고 기록한다. 내 목표는 여러 디자인 분야에서 아직도 여전히 베일에 싸여 있는(때로는 의도적으로 가려진)디자이너의 인지 능력과 창조 능력을 드러내 명확하게 설명하는 것이다.

이 책은 사례 연구를 중심으로 구성되었다. 각 연구는 온전한 장으로서 깊이 있게 다루었다. 디자인 인지 연구 문헌을 통해 일반적인 조건을 갖추고 진행된 연구는 여러 장에 걸쳐 요약 설명된다. 사례 연구들은 수준 높은 디자인 사고를 연구하기 위한 핵심 자료를 제공한다. 독자들이 디자인 사고의 본질을 좀 더 깊이 이해할 수 있도록 내용을 요약 정리한 장도 있다. 이 책은 '방법'이나 '요령'을 알려주기보다는 디자인 사고의 다양한 측면을 연구해 얻은 결과를 바탕으로 설명과 조언을 제공한다.

먼저 소개되는 두 개의 사례 연구(2, 3장)에서는 실력이 뛰어나고 잘 알려진 디자이너들을 인터뷰했다. 한 명은 자동차 디자이너이고 다른 한 명은 제품 디자이너이다. 다른 두 사례 연구(5, 6장)에서는 전문 공학기술 디자이너 한 명과 소수의 디자이너로 구성된 우수한 제품 디자인 팀이 실험실 환경에서 똑같은 프로젝트를 따로 진행하는 실험을 실시해 그 과정을 기록했다. 이 특정 사례 연구를 통해서는 관찰로 알게 된 점들을 일반화하고 보다 상세히 설명하기 위해 연구 문헌을 활용했다.

이 책에서는 여러 다양한 디자인 분야를 아우르는 접근 방식을 취하기 때문에 관찰을 통해 건축, 제품, 공학기술, 자동차 디자인 같은 다양한 전문 분야를 서로 비교했다. 컴퓨터 소프트웨어, 인터랙션 디자인, 가구, 직물, 그래픽 디자인 같은 분야도 함께 언급했다. 하지만 연구를 통해 디자인 사고를 이해하려는 접근 방식을 썼기 때문에 연구가 부족한 분야는 자연히 이 책에서 덜 다뤘다. 서로 다른 디자인 분야에서도 공통적인 측면이 많을 것이라 생각하며 내 관찰과 설명이 여러 분야에서 유효할 것으로 믿는다.

1 디자인 능력

> 우리가 하는 일은 시간과 비용에 맞게 의뢰인이 원하는 것을 제공하는 게 아니라 의뢰인이 전혀 생각지 못했던 것을 보여주는 것이다. 하지만 우리가 제안하는 디자인을 보고 나면 의뢰인은 그것을 자신이 늘 원했던 것으로 인식한다.
>
> — 데니스 라스던Denys Lasdun, 건축가

디자인은 누구나 할 수 있고, 누구나 하고 있다. 새로운 요리법을 발견하거나 거실 가구를 다시 배치하거나 개인 웹사이트를 새롭게 구성하는 등 새로운 일을 계획할 때 우리는 디자인을 한다. 전 세계 어느 문화권에서든 아이에서 어른에 이르기까지 누구나 디자인을 할 수 있다. 이처럼 디자인 사고는 사람의 인식 속에 내재된 것이다.

이전 문명의 유물들과 지역 특유의 디자인, 전통 공예품들을 통해 우리는 디자인 사고의 역사가 매우 오래되었음을 알 수 있다. 우리 주변의 모든 것은 디자인되었다. 단순하지 않고 자연 그대로가 아닌 것은 모두 누군가가 디자인한 것이다. 따라서 디자인의 질은 우리 삶에 엄청난 영향을 미친다. 그래서 효과적이고 효율적이고 상상력이 넘치면서도 흥미로운 디자인을 하는 디자이너가 중요한 것이다.

인간이 무엇인가를 디자인하는 것은 일반적인 행위로 인식되었다. 디자인하는 데는 특별한 능력이 필요하지 않다고 여겨졌다. 디자인 능력은 누구나 지녔다고 보아, 디자인을 남다른 재능으로 여긴 지는 얼마 되지 않았다.

전통 공예를 기반으로 하던 사회에서는 공예품 아이디어를 구상하거나 디자인하는 것을 공예품을 실제로 만드는 행위와 동일하게 인식했다. 다시 말해 공예품을 제작하기 전에 스케치를 하거나 모형을 만들어보는 것 같은 사전 활동이 없었다. 예를 들어 옹기장이가 진흙으로 옹기를 만들 때 그는 옹기의 모양을 미리 스케치하는 작업을 하지 않았다. 하지만 현대 산업사회에서는 디자인 활동과 실제로 만드는 활동이 매우 다르다. 디자인 과정이 완전히 끝나기 전에는 만드는 과정이 시작되지 않는다.

수많은 디자인 활동이 세상에서 일어나지만 디자인에 대한 인식은 제대로 확립되지 않았다. 디자인 능력은 누구나 어느 정도 갖고 있지만 특별한 디자인 '재능'을 가진 사람은 소수에 불과하다고 여겨졌다. 디자이너가 전문직으로 부상하면서 선천적으로 타고났든 후천적으로 개발되었든 다른 사람들에 비해 디자인 능력이 더 발달한 사람들이 있다는 사실이 드러났다. 실제로 남들보다 디자인 실력이 뛰어난 사람들이 있다. 이러한 사실과 함께 이제는 디자인의 본질, 디자인 능력의 핵심적인 특징과 여러 측면에 대한 접근이 점점 늘고 있다.

연구 조사를 통해서 볼 때, 속도는 더디지만 안정적으로 디자인 능력에 대한 이해도가 높아지고 있다. 디자인 능력의 본질을 연구하는 방법에는 다음과 같은 것이 있다.

- 디자이너 인터뷰
  뛰어난 디자인 능력을 지닌 디자이너와의 대화나 인터뷰를 통해 일반적인 디자인 과정 또는 특정 디자인 프로젝트 과정에 대한 디자이너의 생각을 들을 수 있다.
- 관찰과 사례 연구
  주로 특정 디자인 프로젝트에 초점을 맞추어 작업이 진행되는 동안 또는 작업이 끝난 뒤 관찰자가 과정을 기록한다. 참여 관찰과 비참여 관찰 모두 포함되며 실제 디자인 프로젝트를 비롯해 인위적으로 구성되거나 재구성된 프로젝트까지 연구 대상이 된다.
- 실험 연구
  자료를 기록해야 하는 엄격한 조건 때문에 인위적인 프로젝트가 공식적인 실험 연구에 적용된다. 실험 참가자들은 주어진 디자인 과제에 대한 생각을 말로 설명해야 한다. 이들의 진술과 관련 행동을 짤막한 프로토콜protocol로 세분화해서 분석한다. 실무 디자이너와 경험이 없는 디자이너(주로 학생) 모두 이 방법으로 연구한다.
- 모의실험
  비교적 새로운 연구 방법으로, 인공지능Artificial intelligence, AI 연구자가 인공지능 기술로 인간의 사고를 모의실험

simulation한다. 인공지능 기술이 인간의 사고를 대신할 수도 있지만, 한편으로 인간의 사고를 이해하는 수단이 될 수도 있다.

- 고찰과 이론화

  위와 같은 경험적 연구 방법처럼 디자인 능력 본질에 대한 이론적 분석과 고찰은 중요하게 인식된다.

이 밖에도 더 구체적인 조사 유형에서부터 추상적인 유형, 디자인 실무를 좀 더 멀리서 또는 좀 더 가까이에서 연구하는 등 연구 범위와 방식이 다양하다. 연구 대상에는 실무 경험이 없는 디자인 전공 학생부터 경력 있는 전문 디자이너, 심지어 사람이 아닌 인공적인 대상도 포함된다. 이런 모든 방법을 통해 연구자들은 '디자이너다운designerly' 사고방식이 무엇인지 파악할 수 있다.

디자인 능력을 이해하려면 어느 정도 간접적인 접근이 필요하기 때문에 다양한 연구 방식을 이용해야 한다. 정교한 다른 인지 능력들과 마찬가지로 디자인 사고에 직접적이고 직설적으로 접근하기는 불가능하다. 많은 디자이너가 자신의 디자인에 대해 설명하는 것에 서툴기 때문이다.

실력이 뛰어난 성공한 디자이너들도 자신이 하는 일에 대해 이야기할 때는 어떤 일들을 했는지가 아닌 어떤 결과가 나왔는지에 초점을 맞춘다. 과정보다는 결과에 치중하는 것이다. 이는 모든 분야의 전문가들에게서 공통적으로 나타난다. 그들의 관심은 어떻게 만들었는지를 분석하는 것이 아니라 그들이 만든 결과물을 평가하는 것이다.

어떤 디자이너들은 그들이 일하는 방식과 아이디어를 어디서 얻는지 정확하게 말하지 않는다. 저명한(아마도 악명 높다고 해야 할) 프랑스 디자이너 필리프 스타르크Philippe Starck는 디자인 아이디어를 갑자기 마술같이 떠오르는 것처럼 설명하는 사람으로 잘 알려져 있다. 비행기가 이륙할 때, '안전벨트를 매주십시오.'라는 표시가 켜 있는 몇 분 동안 의자를 디자인했다고 말한 적도 있다. '안전벨트를 매주십시오.'라는 지시가 디자인 영감을 떠오르게 했나 보다. 이탈리아 부엌용품 제조업체 알레시Alessi를 위해 만든 유명한 레몬스퀴저에 대해서는 레스토랑에서 갑자기 "오징어처럼 생긴 레몬스퀴저 이미지가 머리에 떠올랐다."라고 말했다. 이렇게 해서 '주시살리프Juicy Salif'라는 이름의 레몬스퀴저(그림 1.1)가 만들어졌고 제품으로 출시되어 엄청난 판매를 거두었다(제품 기능면에서는 그다지 성공적이지 않았을 수도 있지만).

또한 디자이너들은 꽤 오만한 태도로 주장을 펴기도 한다. 건축가 데니스 라스던이 "우리가 하는 일은 시간과 비용에 맞게 의뢰인이 원하는 것을 제공하는 게 아니라 의뢰인이 전혀 생각지 못했던 것을 보여주는 것이다. 하지만 우리가 제안하는 디자인을 보고 나면 의뢰인은 그것을 자신이 늘 원했던 것으로 인식한다."라고 말한 데서도 오만함이 느껴진다. 그러나 우리는 의뢰인이 실제로 디자이너에게 뭔가 평범하지 않은 특별한 것, 실용적이면서도 흥미롭고 인상적인 것을 원한다는 사실을 오만해 보이는 이 말 속에서 꿰뚫

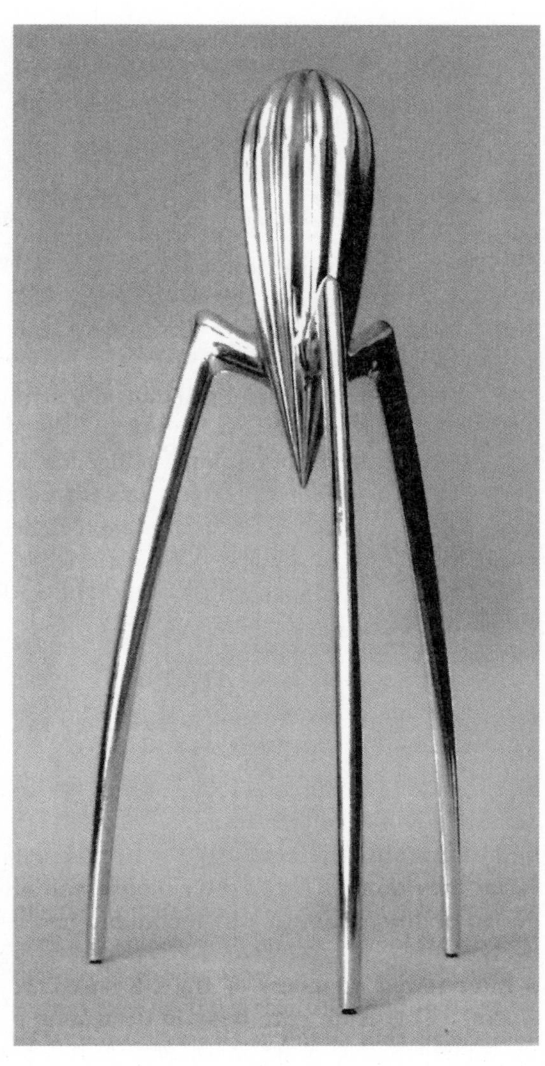

1.1 필리프 스타르크의 '주시살리프' 레몬스퀴저.

어 볼 수 있어야 한다. 이것은 디자인이 최선의 해결책을 구하는 것이 아닌 탐구적 과정임을 의미한다. 창조적인 디자이너는 디자인 지침서를 단순한 설명서로 이해하지 않고 탐구의 시발점으로 여긴다. 창조적인 디자이너는 탐구를 시작해 이미 알려진 어느 지점에 도달하거나 익숙한 또 다른 것을 발견하는 것이 아니라 새로운 무언가를 발견한다.

여기서 디자인이 실제로 명확하게 밝혀내기 힘든 과정이라고 말하고 싶지는 않지만, 복잡한 과정임은 분명하다. 디자인은 누구나 할 수 있지만 인간의 지적 능력 중에서도 고도의 능력에 속한다. 전문 디자이너들은 내면 깊숙이 자리 잡은 매우 발달된 형태의 인지 능력을 활용한다. 여러분은 필리프 스타르크가 주시살리프 아이디어를 낸 순간, 그가 영감을 얻은 상황의 도상학적 의미까지도 좀 더 분명하게 설명할 수 있다는 점을 이 책을 읽으면서 알게 될 것이다.

디자이너에게 직접 물어보기

디자이너들이 디자인에 관해 말하는 것을 들어보면 이해하기 어려운 부분도 많지만, 좀 더 주의 깊게 인터뷰하고 그들의 대답이 어떤 의미를 내포하는지 잘 해석해보면 어떤 통찰력을 얻을 수도 있다. 실제로 널리 활용되지는 않지만 디자이너들에게 그들이 하는 일에 관해 직접 물어보는 것이 아마도 가장 간단하면서도 직접적인 방법이다.

로버트 데이비스Robert Davies는 영국의 왕립산업디자이너회Faculty of Royal Designers for Industry(제조, 산업 분야 디자인에 큰 공헌을 한 디자이너에게 왕립예술단체에서 자격을 수여함-옮긴이) 회원을 대상으로 인터뷰를 실시했다. 이 단체는 매우 우수한 디자이너들의 모임으로 왕립예술제조상업진흥협회Royal Society for the Encouragement of Arts, Manufactures and Commerce 또는 왕립예술협회Royal Society of Arts, RSA로 더 잘 알려진 기관 소속이다. 왕립산업디자이너Royal Designers for Industry, RDIs의 수는 항상 최대 100명까지로 제한되며 디자인 업적을 근거로 선정한다. 따라서 이들을 대상으로 정하면 저명한 디자이너들을 인터뷰할 기회를 확보하는 셈이다. 실제로 이들은 매우 수준 높은 디자인 능력을 갖추고 있다. 데이비스가 인터뷰를 진행할 당시에는 회원 수가 68명이었는데 그래픽 디자인, 제품 디자인, 가구 디자인, 텍스타일 디자인, 패션 디자인, 공학기술 디자인, 자동차 디자인, 실내 디자인 분야의 디자이너들이었다. 이들 중 35명을 인터뷰했는데, 디자이너들의 자택이나 사무실에서 자유롭게 진행했고 내용을 모두 비디오로 촬영했다.

데이비스는 특히 디자인 능력의 창의성 면에 관심이 많아 창조적인 통찰력과 콘셉트를 어떻게 끌어내는지 디자이너들에게 질문했다. 인터뷰에서는 디자인 과정의 많은 부분이 다뤄졌고 사람을 창조적이게 만드는 것에 관한 이야기가 나왔다. 여러 디자이너에게서 자주 나온 주제는 '직감 intuition'이었다. '직감에 따른' 접근 방식이 중요하다는 이야기였다. 건축가이자 산업 디자이너인 잭 하우Jack Howe는 이렇게 말했다. "난 직감을 믿습니다. 그게 공학기술자와 공학기술 디자이너의 차이 같아요. 공학기술 디자이너는 다른 분야 디자이너들만큼 창조적이죠." 절제되고 매우 이성적 디자인을 보여주는 잭 하우 같은 사람이 '직감'을 믿는다는 게 의외다. 제품 디자이너 리처드 스티븐스Richard Stevens도 공학기술과 디자인의 차이에 관해 비슷한 말을 했다. "공학기술 디자인의 대부분이 주관적 사고를 기반으로 한 직감에서 나옵니다. 하지만 공학기술자들은 이걸 별로 안 좋아하죠. 그들은 실험하고 측정하는 걸 좋아합니다. 공학기술자들에겐 실험과 측정이 익숙해서 뭔가 증명하지 못하면 답답해하죠. 반면 미술대학을 다닌 산업 디자이너들은 직관적으로 판단하는 걸 좋아합니다."

이들 디자이너가 말하기를 디자인은 어느 정도 자연스럽게 거의 무의식적으로 이루어지고 자신들과 다른 종류의 사람(즉 디자이너와 함께 일하는 공학기술자)들은 이런 자연적이고 무의식적인 사고방식을 불편해한다는 것이다. 이들 디자이너는 '직관적' 사고방식이 선천적이거나 교육을 통해 개발된다고 생각한다. 디자인 과정에서 결정하고 제안서를 만드는 일이 디자이너에겐 익숙해 별다른 논리적 설명이나 정당화가 필요 없다는 것이다. 하지만 이런 '직관적인' 반응도 사실은 과거의 어떤 상황을 통해 얻은 경험에서 나온다는 사실을 간과한 것일 수 있다. 우리는 예전에 겪었던 친숙한 상황을 접했을 때 직관적으로 행동하기도 하니까 말이다.

하지만 '직관적' 사고가 논리적 추론에 근거하지 않는

다는 점에서 디자이너의 말이 좀 더 심오한 의미에서는 옳을 수도 있다. '직감'은 실질적인 디자인 사고를 설명하기에 너무 간단한 용어이다. 디자이너들의 사고 과정을 설명하기 위해 디자인 연구자들이 사용하는 더 유용한 용어는 귀추적abductive 디자인 사고이다. 우리에게 친숙한 귀납적, 연역적 사고와는 다르지만 디자인 사고에서는 필수적인 유형이다. 디자인 논리는 어떤 활동의 목적이나 기능 그리고 그 목적을 충족시키는 대상의 적절한 형태 사이에서 생각을 바꾸거나 전달하는 수단이다. 이 디자인 논리에 대해서는 이후 좀 더 자세히 다루고자 한다.

로버트 데이비스가 뛰어난 디자이너들과 인터뷰하면서 두드러지게 드러난 또 하나는 '문제(필수적인 것)'와 '해결책(충족시키는 방법)'의 미묘한 관계다. 디자이너들은 디자인에서의 문제와 해결책이 매우 밀접하지만 '해결책'이 항상 '문제'의 직접적인 해답은 아니라는 것을 안다. 해결책은 의뢰인뿐 아니라 디자이너도 '전혀 생각지 못했던' 것일 수 있다. 가구 디자이너인 제프리 하코트Geoffrey Harcourt는 자신의 창조적인 디자인에 관해 이렇게 말했다. "사실 내가 제안한 해결책은 전혀 그 문제에 대한 해결책이 아니었습니다. 하지만 의자를 실제로 만들었을 때 문제를 꽤 잘 해결할 수 있었어요. 완전히 다른 각도, 다른 시점에서 해결한 것이었죠." 이 말은 디자인 사고의 인지적 측면을 드러낸다. 이것은 여러 해석이 가능한 꽃병과 사람 얼굴 이미지와도 같다(그림 1.2a).

디자인은 발생적 측면을 활용할 수도 있다. 임시 해결

책에서 관련 특징이 나타날 수도 있고 해결책이 문제에 얼마나 적절한지 파악할 수도 있다. 발생된 속성은 의식적으로 의도되지는 않았지만 해결책 일부 또는 이전 해결책에서 인식된 것들이다. 예를 들어 스케치에서 여러 구성 요소가 서로 겹치거나 상호작용하면서 뭔가 생겨나기도 한다(그림 1.2b). 디자인 과정에서는 문제와 해결이 동시에 진행된다.

디자인 활동의 복잡한 속성 때문에 구조공학 디자이너인 테드 해폴드Ted Happold가 "아무것도 모르는 상태를 전혀 불편하게 생각하지 않는 것, 그게 내가 가진 단 하나의 재능 아닐까 싶네요."라고 말한 것이 그리 놀랍지 않다. 시드니오페라하우스Sydney Opera House나 파리 퐁피두센터Centre Pompidou처럼 쉽지 않은 건물 프로젝트를 진행한 팀의 주요 일원이었고, 경량의 공학기술 디자인 작품들을 디자인한 테드 해폴드는 분명이 재능이 필요했을 것이다. 디자인에서 불확실성은 좌절감과 동시에 희열을 준다. 디자이너들은 디자인 제안서 내

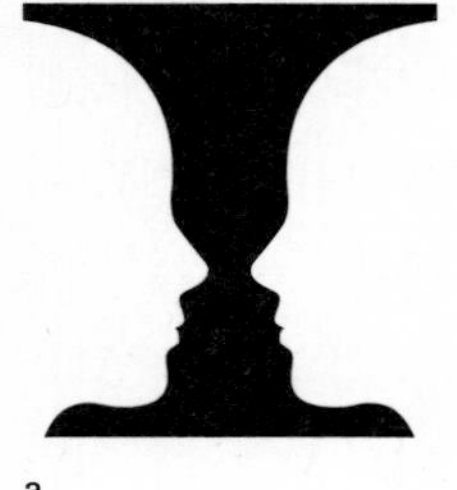
a

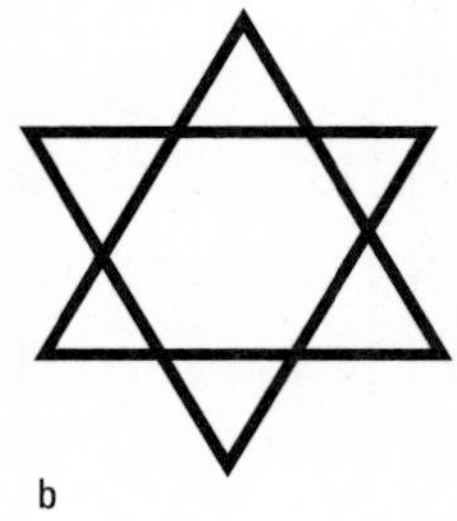
b

1.2 (a) 모호함 : 꽃병인가 얼굴인가? (b) 발생 : 두 개의 삼각형이 겹쳐서 육각형과 꼭짓점이 여섯 개인 별 모양이 만들어졌다.

용이 디자인 과정이 한참 진행될 때까지는 여전히 모호하고 불확실하다는 사실을 잘 안다. 디자이너들은 초반부에 임시적인 해결책들을 내놓지만 최대한 여러 가능성을 열어둔다. 해결책이 일시적으로 정확하지 않고 확정적이지 못하다는 점을 받아들인다.

데이비스가 진행한 인터뷰에서 나타난 또 다른 공통점은 디자이너들이 문제와 해결책을 함께 고민할 때, 디자인의 복잡한 부분을 파악하기 위해 스케치, 드로잉, 모델 등을 활용한다는 것이다. 잭 하우는 이렇게 말했다. "뭔가 분명하지 않을 때는 그림으로 그려봅니다. 유아용 변기라도 일단 그려보죠. 드로잉을 하다 보면 생각이 정리됩니다." 그의 말은 종이에 일단 그려보면 비록 처음에는 하찮고 우습게 보여도 뭔가 시작할 수 있는 바탕이 마련된다는 뜻이다. 잘못되었다면 왜 잘못되었는지 생각하게 된다는 것이다.

디자인이란 내면의 정신적 과정으로만 이루어지는 게 아닌 듯하다. 디자이너들은 외부로 표현되는 것과 상호작용이 필요하다. 스케치, 드로잉, 모형 제작을 통해 디자이너들은 디자인 상황 안에 들어가 문제와 해결책을 동시에 탐구한다. 복잡한 것을 내면에서 처리할 수 있는 인지적 한계가 있기 때문이다. 스케치를 통해 일시적으로 아이디어를 표현하거나 문제와 해결책 간 '대화'를 끌어낼 수도 있다.

로버트 데이비스와 래그 탤벗Rag Talbot은 디자이너들과의 인터뷰를 요약하면서 불확실한 상황, 위험과 기회 상황에서 건설적이고 긍정적으로 대처하는 사람들의 성격적 특성도 파악했다. 이 사람들의 특성 중 하나는 모든 경험에 매우 개방적이라는 것이다. 특히 자신들이 직면한 디자인 문제와 관련해서는 더욱 그렇다. 이들은 많은 것을 인식한다. 내면과 외부 환경에 민감하며 다른 사람들이 잘 인식하지 못하는 사건들의 우연성이나 관계를 잘 알아챈다.

우연들이 모여 예측을 가능하게 하고 바람직한 목표나 큰 계획을 세우는 것처럼 이런 디자이너들은 기회를 파악할 줄 안다. 유리한 예측들을 파악하고 깊이 관여해 온갖 정성을 기울이면서 때로는 일시적으로 관여했던 사람들이나 자료들을 아예 잊어버리기도 한다. 위기를 기회로 만드는 것은 위기 자체의 속성보다는 위기를 어떻게 해석하느냐에 따라 달라지는 것으로 보인다. 성공한 디자이너들은 긍정적인 자세로 당면한 문제를 철저히 탐구한다. 그리고 모든 훌륭한 탐험가들이 그렇듯 이들은 기회주의자들로, 우연히 찾아온 기회를 활용할 줄도 알고 바람직한 결과로 이끄는 방법을 발견할 줄도 안다.

로버트 데이비스의 연구에서 드러난 디자인 능력의 여러 측면은 브라이언 로슨이 매우 성공한 디자이너들과 했던 인터뷰에서도 드러났다. 로슨은 국제적으로 유명한 건축가 몇 명을 인터뷰했다. 디자인 과정에서의 스케치와 드로잉의 중요성은 특히 이 건축가들에게서 두드러지게 나타났다. 영국의 건축가 리처드 매코맥Richard MacCormac은 이렇게 말했다. “사무실에서 디자인 모임이나 비판적 연구 모임을 할 때 손에 연필이 없으면 아무 말도 못 합니다. 연필이 마치 나의 대변인처럼 느껴지죠. 그림으로 그려봐야 뭔가 나옵니다. 그림으로 아이디어를 비평하기도 하고 발견하기도 하죠." 매코맥은 생각만으로는 해결 안 되는 부분을 표현하거나 발견하고 다른 사람에게 아이디어를 설명하기 위해 그림을 활용한다고 말한다. 즉 연필이 그림으로 아이디어를 전달해주는 그의 '대변인'인 셈이다. '대변인'이 비평가이자 발견자라는 점을 생각할 때 디자이너들에게 스케치가 얼마나 중요한지 알 수 있다. 그리고 매코맥과 그의 사무실 동료들은 스케치와 드로잉의 실질적이고도 중요한 정보를 읽는 것뿐 아니라 '쓰는' 것도 할 수 있어야 한다.

스페인의 공학기술자이자 건축가인 산티아고 칼라트라바Santiago Calatrava도 스케치와 드로잉을 핵심적으로 활용한다. 로슨에 따르면, 칼라트라바는 드로잉을 많이 하지만 그의 목적은 드로잉 자체라기보다는 디자인 문제를 이해하는 데 있다. 그는 드로잉 테이블에서 그리지 않고 주로 A3 정도 크기의 연습장에 그림을 그린다. "커다란 종이 한 장에 전부 그릴 수도 있겠지만 나는 부분적으로 집중해서 그리는 걸 좋아해요." 디자인 과정에 따라 다르지만 때로는 연필 스케치도 하고 수채화도 자주 그리는 편인데 팀원들에게 아이디어를 설명하는 데 사용한다. 그는 디자인 과정을 각 스케치를 통해 아이디어를 전개하는 탐구 여정으로 생각한다. "디자인 프로젝트를 한 겹 한 겹 발견하는 거예요. 머릿속에만 있던 것을 간단하게 스케치하고 정리하면서 한 겹씩 쌓아나갑니다. 대화를 하는 것과 아주 비슷하죠." 그는 지금까지의 여정을 한눈에 볼 수 있도록 연습장이나 스케치북을 앞에 두는 걸 좋아한다. 매코맥과 달리 칼라트라바는 "머릿속에서 아이디어가 보인다."고 말하지만 그가 '본 것'도 결국에는 외적인 표현으로 '확실하게' 드러내야 한다는 것이다. 매코맥이 평가하고 발견하는 것처럼 초기 디자인 콘셉트는 스케치들의 '대화'와 그것과 관련된 시각적·인지적 과정을 통해 전개되고 탐구되어야 한다.

로버트 데이비스의 연구와 마찬가지로 브라이언 로슨도 그가 한 인터뷰를 통해 디자인 문제와 해결책 사이의 복잡한 관계를 파악할 수 있었다. 리처드 매코맥은 해결책을 시도하면서 문제를 파악한다고 말했다. "뭔가 시도해야만 발견되는 부분도 있어서 디자인 지침서에서 제대로 정의되지 않은 디자인의 목적이 디자인 과정에서 명확해지기도 합니다." 실제로 로슨이 연구를 진행하기 몇 년 전 매코맥을 인터뷰할 때 그는 이렇게 말했다. "정보를 흡수한다고 해서 그 정보들이 알아서 해결책에 적절하게 적용되는 건 아니라고 봅니다. 문제를 해결하려고 시도해야만 문제를 파악할 수 있죠." 이것은 디자인 지침서를 단순한 설명서로 이해하지 않고 탐구를 시작하는 출발점으로 보는 관점과 일맥상통한다. 데니스 라스던이 건축가가 하는 일이 '의뢰인이 원하는 것'이 아닌 다른 무언가를 주는 것이라고 말했듯이 리처드 매코맥도 로슨에게 이렇게 말했다. "경쟁 상황일 때는 의뢰인이 전혀 생각지 못했던 아이디어를 제시하는 것이 승산 있어요. 의뢰인에게는 아주 중요한데 정작 디자인 지침서에는 없는 것 말이죠." 경쟁에 참여했지만 성공하지 못한 디자이너들이 승리한 디자이너의 아이디어가 "디자인 지침서 내용과 다르다."고 불평하는 이유가 바로 이것이다. 로슨이 말했듯이 디자이너들의 문제 해결 능력은 물론 대단하지만 좋은 디자인과 봐줄 만한 디자인, 형편없는 디자인을 구별하는 알맞은 문제를 찾는 것 또한 디자이너의 능력이다.

로슨은 뛰어난 디자이너들이 불확실성에 잘 대처한다는 것을 발견했다. 그가 인터뷰한 몇 명의 건축가는 동일한 디자인 프로젝트에 대해 '평행한 여러 인지 과정'을 동시에 전개한다고 말했다. 체코의 건축가 에바 지릭나Eva Jiricna는 세부와 전체 공간 콘셉트를 동시에 생각한다고 말했다. 로슨은 미국의 건축가 로버트 벤투리Robert Venturi가 런던 내셔널갤러리National Gallery의 세인즈베리윙Sainsbury Wing 확장 프로젝트에 관해 말한 내용을 통해 '사고의 평행선'의 분명한 사례를 발견했다. 두 가지 사고의 평행선은 신구 건물의 순환 시스템에 관한 것(내부, 층별 문제)과 신구 건물의 외양을 서로 연결하는 문제(입면, 건축 스타일)에 관한 것이었다. 로슨은 벤투리가 두 사고의 흐름을 하나의 해결책으로 완성하기 전까지 디자인 과정에서 동등한 비중으로 다루어 두 가지 아이디어를 동시에 진행했다고 말한다. "디자이너에게는 모든 아이디어, 사고의 흐름을 언제 서로 조합하느냐 하는 문제가 중요해요. 너무 빨리 이루어지면 아직 명확하지 않은 아이디어가 완전히 사라져버릴 수도 있고, 너무 늦게 이루어지면 아이디어가 이미 단단하게 굳어질 수도 있습니다. 이 난제에 대한 공식이나 정답은 없어요. 오로지 디자이너의 능력과 예리한 감각에 좌우될 뿐입니다. 하지만 경험이 없는 디자이너가 생각하는 것보다 더 오랫동안 디자이너들에게 이런 평행적 사고를 유지하는 용기가 필요한 것만은 확실합니다." 테드 해폴드가 강조했듯이 불확실성에 잘 대처하는 것이 디자인 능력의 핵심 요소인 듯하다.

불확실성에 대처하는 한 가지 방법은 순서를 정하는 것이다. 유명한 건축가 몇 명을 인터뷰한 제인 다크Jane Darke는 이들이 아직 명확하지 않은 문제를 정면으로 대하기보다 일의 순서를 먼저 정한다는 점을 발견했다. 어떤 건축가는 문제에 도움이 될 만한 몇 가지 원리를 도입해 시발점으로 삼았고 어떤 건축가는 건물이 세워질 현장의 특징들을 파악하면서 일을 시작했다. 두 가지 경우 모두 디자이너들은 자신들이 감당할 수 있는 정도로 문제를 제한하고 자신들이 처리할 수 있는 부분에 초점을 맞췄다. 다크는 자신의 관찰 결과를 이렇게 정리했다. "가능한 해결책을 추측하고 콘셉트화하여 디자인 과정 초기에 해결책의 범위를 줄이고 좁히는 경우가 많았다. 이렇게 추측된 해결책을 시험하면서 문제를 좀 더 깊이 이해했다." 디자이너들은 몇 가지 목적이나 아이디어를 '주요 생성 요소'로 정하고 해결책을 설명하는 수단으로 삼았다. 해결책이 문제에서 바로 나오지 않기 때문에 이 부분은 디자인 과정에서 필수적이다. 디자이너는 해결책을 찾아 뭔가 시도해야 한다.

디자이너가 하는 일 집중 해부하기

디자이너들이 자신이 하는 일을 설명할 때는 다소 편향되거나 부분적인 기억에 의존하기도 한다. 한편 자신들이 하고 싶은 이야기만 할 때도 있고 말을 얼마나 잘하느냐에 따라 일이 달라지기도 하는데, 결국 디자인 과정은 매우 복잡한 인지 활동이다. 하지만 내가 앞서 말했듯이 필리프 스타르크의 주시살리프 탄생 일화도 훨씬 더 분명하게 설명할 수 있다. 이것을 위해 피터 로이드Peter Lloyd와 더크 스넬더스Dirk Snelders가 했던 디자인 해부를 소개하려 한다. 로이드와 스넬더스는 필리프 스타르크가 인터뷰에서 자주 언급한 것들을 활용했고 스타르크가 레몬스퀴저를 위해 제일 처음 한 스케치도 활용했다.

1980년대 말 필리프 스타르크는 이미 다양한 제품을 디자인한 유명 디자이너였다. 알레시는 세계적으로 유명한 디자이너들이 디자인한 새로운 제품 시리즈를 내놓았다. 건축가 마이클 그레이브스Michael Graves와 알도 로시Aldo Rossi가 디자인한 주전자와 커피포트, 산업 디자이너 리처드 새퍼Richard Sapper와 에토레 소트사스Ettore Sottsass가 디자인한 식기류와 조미료 세트 등이 있었다. 알레시는 스타르크에게 '디자이너' 시리즈의 신제품 레몬스퀴저의 디자인을 의뢰했다. 스타르크는 알레시와 프로젝트에 관해 논의하기 위해 이탈리아로 갔다. 미팅이 끝난 뒤 스타르크는 토스카나 해변 근처 작은 섬 카프라이아에서 짧은 휴식을 취하고 피자 전문점 일코르

사로Il Corsaro에서 식사를 했다. 스타르크는 주문한 음식을 기다리면서 테이블 위에 놓인 종이 매트에 스케치를 했다. 이때 이미 레몬스퀴저에 대해 생각하고 있었던 것이 분명하다. 스케치를 보면 처음에는 매우 평범하고 친숙한 형태의 레몬스퀴저였지만(그림 1.3의 중앙 오른쪽 참조) 곧 전혀 다른 스케치가 나왔다. 뭔가가 영감을 준 게 분명하다. 어린 꼴뚜기를 넣은 전채 요리가 테이블에 놓이자 스타르크는 드디어 오징어처럼 생긴 레몬스퀴저 아이디어를 생각해낸 것이다! 이후 스타르크의 스케치는 긴 다리와 큰 몸통을 가진 특이한 형태의 이미지가 되었고(그림 1.3의 아래 왼쪽 참조) 주시 살리프는 이렇게 탄생했다.

로이드와 스넬더스는 스타르크의 창의적인 스케치와 사고 과정에서 오징어에 대한 영감뿐 아니라 그가 어린 시절 좋아했던 공상 과학 만화나 우주선 이미지도 영향을 끼쳤을 것이라고 말한다. "처음엔 아주 평범한 레몬스퀴저를 그렸다가 그게 별로라는 걸 깨달았죠. 오징어는 다리를 가진 것으로 진화했지만(스타르크는 늘 진화를 좋아합니다) 그것도 별로 마음에 들지 않았어요. 다리가 질질 끌려서 다친 것처럼 보였죠." 여기서 스타르크도 리처드 매코맥이 발견과 발명 과정에서 연필을 사용한 것처럼 사용한 듯하다. "스타르크는 음식을 먹으면서 스케치했습니다. 그의 스케치는 그가 읽었던 옛날 만화를 연상시켰죠. 뭔가 형태가 잡히기 시작하면서 다리를 질질 끄는 형체는 다리가 세 개인 더 가벼운 형태가 되었어요. 그가 상상했던 우주 속의 우주선 같았죠. 그는 이 형태를 쓸 만하다고 여겼고 마음에 들어 합니다. 다음 날 아침 스타르크는 알레시에 전화를 걸어 레몬스퀴저 아이디어가 나왔다고 말했습니다. 물론 정확한 크기, 재료, 레몬을 효율적으로 짜는 방법 등 세부적인 사항들은 더 생각해봐야겠죠. 하지만 그것은 2차적인 문제예요. 다른 사람들이 해결할 수 있죠. 일단 가장 핵심적인 문제가 풀린 거예요."

따라서 우리는 특이한 형태의 레몬스퀴저가 갑자기 떠오른 것이 아니라 아무리 빨리 일어난 과정이라도 오징어 형태와 예전 기억을 통해 영감을 얻어 스케치한 것을 알 수 있다. 항공기 디자인(스타르크의 아버지 직업), 우주 로켓, 공상 과학, 만화, 유기적 진화와 같은 스타르크의 다양한 관심사도 영향을 끼쳤다. 로이드와 스넬더스는 스타르크가 미래

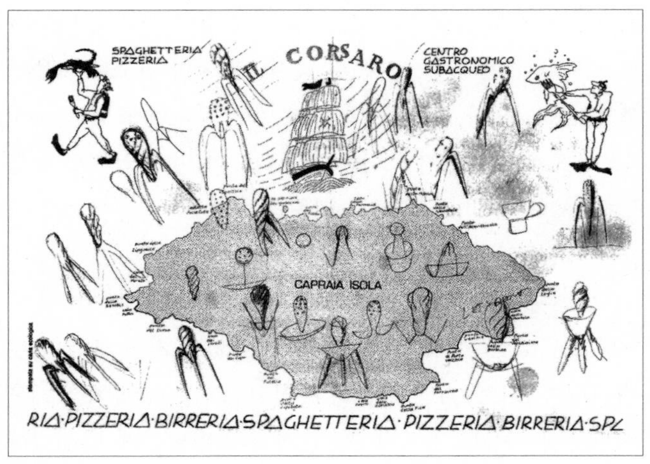

1.3 레스토랑 종이 매트에 그린 필리프 스타르크의 레몬스퀴저 스케치.

적인 이미지를 마치 어린아이처럼 열광적으로 좋아한다고 말한다. 레몬스퀴저는 알루미늄 소재로 만든다. 로이드와 스넬더스는 이렇게 말했다. "알루미늄은 미래에 대한 향수를 불러일으키는 소재로 알려져 있습니다. 그리고 이 레몬스퀴저에는 과거에 사람들이 상상했던 미래의 특징들이 있어요. 그중 가장 눈에 띄는 것이 로켓이나 우주선을 연상시킨다는 점이죠. 요즘 우리가 볼 수 있는 로켓이 아니라 구소련의 발명가들이 만들었을 법한 복고풍 로켓 말이에요. 전쟁으로 얼룩졌던 그 시절에 로켓은 우주 탐험에 대한 흥미를 불러일으키고 최첨단 미래를 약속하는 이미지였습니다. 스퀴저의 몸통(눈물 모양은 훌륭한 공기 역학적 디자인이죠)을 단순한 유선형으로 만들어 이런 '과거 속의 미래' 느낌을 살렸어요. 1930년대에 시작되어 1950년대까지 지속된 유선형 모양은 매우 현대적인 느낌을 줬고, 거침없이 미래로 나아가는 속도감과 현대적 느낌은 사회적 · 기술적 진보를 비유한 것이기도 합니다. 1980년대 말에 이런 단순한 모양은 그저 복고풍으로 여겨졌지만 단순함의 의도와 달리 실제로 레몬스퀴저 표면을 따라 흐르는 레몬즙의 느린 속도 때문에 아이러니하게 보였을 수도 있죠."

필리프 스타르크의 창조적인 행위를 분석하면서 로이드와 스넬더스는 '오징어 모양' 콘셉트가 갑자기 생겨난 것이 아니라 스타르크가 생각하고 있던 것(참신한 형태의 레몬스퀴저)에 비유(오징어 형태)를 적용해 평범하게 탄생했다는 점을 암시했다. 이렇게 비유를 활용하는 방법은 창조적 사고에서 자주 권장된다. 스타르크의 사례에서 특히 놀라운 점은 오징어에서 레몬스퀴저를 생각해낸 상상력이다. 따라서 로이드와 스넬더스는 스타르크가 콘셉트를 전개할 때 많은 디자이너가 그렇듯 이미 경험하고 기억하고 있던 다른 이미지들을 통해 좀 더 적절하고 실현 가능하고 매력적인 형태를 만들어냈다고 설명했다.

디자이너가 일하는 모습 관찰하기

디자이너의 일을 이해하는 더 직접적인 조사 방법은 실제로 그들이 실무에서 일하는 모습을 관찰하는 것이다. 이런 연구 방법은 현장에서 일어나는 일을 관찰하고 기록할 수 있을 뿐만 아니라 디자인의 속성을 설명할 수 있는 또 하나의 자료를 제공하기도 한다. 래리 버키아렐리Larry Bucciarelli는 3개국의 공학기술 디자인 프로젝트에 대해 매우 자세하고 광범위한 참여 관찰 연구를 실시했다. 대형 프로젝트는 기술적, 재정적, 사회적, 미적인 측면 등 여러 가지를 함께 생각해야 하는 디자인 능력이 요구된다. 이런 경우 디자인 활동은 더 이상 개인적 인지 활동이 아니라 공유되는 사회적 과정이 된다. 버키아렐리가 강조하는 주된 결론은 매우 기술적인 과정으로 인식되었던 공학기술 디자인조차 실제로는 각 참가자가 지닌 디자인 대상에 대한 특정 지식이나 인식의 '대상 세계'가 상호작용하고 타협하는 사회 과정이라는 것이다.

버키아렐리는 자신의 논문에서 이렇게 밝혔다. "디자인 과정은 관심사가 각기 다른 참가자들이 합의를 보는 것이며, 각기 다른 관심사는 '대상 세계'적 관점에서는 서로 조화를 이루기 어렵다. 디자인 과정은 사회적일 수밖에 없고 참가자들은 되도록 직접적으로 얼굴을 맞대고 의견을 교환하며 서로의 차이를 타협해서 의미를 끌어내야 한다." 그는 디자인 활동의 사회적 속성으로 공업기술 디자인 과정에서조차 불확실성과 모호함이 불가피하다는 것을 알 수 있다고 말했다. "모호함은 디자인 과정에서 꼭 필요하다. 모호함을 통해 참가자들은 각자의 대상 세계에서 개별적으로 자유롭게 생각하고 다른 참가자들과 타협해 의미를 재구성한다."

버키아렐리는 공업기술자들의 일상 업무에 참여해 디자인 활동에 대한 표적 집단 접근 방식을 시도했다. 다이앤 머리Dianne Murray는 그래픽 디자이너들에 대한 표적 집단 연구를 실시해 디자인 실무의 사회적 속성을 기록했는데, 디자인 스튜디오의 개방성과 공유된 활동을 강조했다. "설명회는 직원들 모두 보고 들을 수 있는 실내 공간에서 이루어진다. 진행 중인 일들은 드로잉 판에 그대로 놓여 있다. 스케치, 복사본, 인쇄물, 투명 용지 등이 책상과 라이트 박스 주변에 놓여 있다. 디자인은 감춰지지 않고 다른 사람들도 볼 수 있는 장소에서 만들어지며 동료에게 의견을 듣는 것도 디자인 활동의 일부로 여겨지는 것이 보통이다."

이와 같이 버키아렐리와 머리의 밀착 연구를 통해 디자인 사고와 작업의 특성이 각기 다른 디자인 분야에서 공통적으로 나타나는 것을 알 수 있다. 피터 로Peter Rowe는 건축 디자인에 대한 일련의 관찰 사례 연구를 진행했다. 이 사례 연구들은 유명 건축가들이 미국 대도시에 짓는 대형 건축 프로젝트들에 관한 것이었다. 로는 진행된 총 세 개의 연구에서 건축가들의 관심이 해결책과 문제 탐구 사이를 왔다 갔다 한 점을 발견했다. 즉 건물에 대한 아이디어를 전개하다가 디자인과 기술적 측면에서 디자인 아이디어를 살펴보기도 했다. 그는 이런 디자인 활동 과정을 '단편적' 또는 '당면한 문제의 다양한 측면들이 서로 접촉하는 일련의 과정'이라고 설명했다. 이런 단편적인 구조는 여러 측면에서 드러났다. "첫째, 여러 영역 사이를 왔다 갔다 하는 움직임이 있다. 건축 형태 탐구에 관심을 쏟다가 계획, 구조, 그 외 기술적 문제 평가로 관심을 돌리기도 한다. 둘째, 제약을 받지 않고 추측하는 단계를 거쳐 디자이너들은 사태를 파악하는 좀 더 진지하고 냉철한 단계를 거친다. 셋째, 각 단계마다 디자이너들의 관심을 끄는 특정 방향이 있는 것 같다. 디자이너들이 여러 가능성을 탐구하면서 점점 과정 안에 흡수되어 각 단계는 저절로 구성된다고 말할 수 있다."

이는 앞으로 나아갈 수 있는 기회를 모색하고 가능성 높은 방향으로 전개하다 가끔씩 멈춰 이제까지의 성과를 평가하기도 하는 전형적인 탐구적 접근 방식처럼 들린다. 하지만 로는 이런 방법이 쓸데없이 위험하고 비효율적이라고 비판했다. "건물 용적을 다루는 여러 대규모 계획 같은 사건은 종종 추측에 의존하게 된다. 다른 분기에서 나온 정보로 당면한 문제를 좀 더 경제적으로 해결하려 할 때 디자이너는 부담을 느끼기 때문이다. 이런 상황에서는 디자이너가 좀 더 유리한 쪽으로 방향을 바꾸기 위해 이제까지 진행한 것을 철회하기도 한다." 이것은 더 신중하고 진지한 접근법이나 대안을 통해 궁극적으로 시간과 노력을 절약할 수 있는데도 디자이너가 특정한 해결책에만 과도하게 치중해 편협한 접근 방식을 취하는 것과 같다.

이것은 디자이너의 사고 유형을 제한하는 '주요 생성 요소'의 지배적 성향과 관련 있다. 로는 "이것은 차후 문제 해결 방향에 초기 디자인 아이디어가 미치는 지배적 영향이다."라고 설명한다. 물론 그는 "디자이너들이 처음부터 필연적으로 어떤 문제의 구성 원칙을 세운다."는 것을 인정했다. 하지만 이 생각을 고수하면 디자이너들이 불완전함을 깨닫지 못할 위험이 있다. "디자이너들은 매우 어려운 문제에 부딪혔을 때도 한 발짝 물러나 아예 새로운 아이디어를 생각하기보다는 초기 아이디어를 살리려고 노력한다." 빈약한 초기 아이디어에 너무 많은 노력을 기울인다는 점이 디자이너의 태도와 접근 방식에서 드러나는 약점이다. '마음에 드는' 아이디어에 너무 집착해 좀 더 객관적이고 진지하게 문제를 바라보면서 다양한 가능성을 생각하거나 검토하지 못한다는 것이다.

경험 많은 디자이너들이 왜 이런 제한적인 방식으로 일을 할까? 로의 연구와 비슷한 도시 설계 사례 연구 분석에서 실마리를 찾을 수 있다. 피터 레빈Peter Levin도 디자이너들이 문제를 제대로 파악하기 전에 해결책(또는 부분적 해결책)을 위한 아이디어를 내려 한다는 점을 발견했다. 우리는 초기에 해결책을 추측하면서 아직 문제가 정확히 파악되지 않더라도 디자인을 진행할 수 있다는 것을 안다. 이런 추측을 하려면 어떤 정보 또는 '빠진 성분'들을 디자이너 스스로 채워야 한다고 레빈은 설명한다. "디자이너는 독창적인 해결책을 위해 자신이 이미 지닌 정보에 어떤 성분이 추가되어야 한다는 것을(의식적으로 또는 무의식적으로)안다. 이 지식은 물론 디자인 문제를 해결하기에 부족하다. 디자이너는 뭔가 추가 요소를 찾아야 하고 이를 위해 추측과 독창적인 사고 방식을 사용한다." 레빈은 이런 추가 성분이 '정리 배치 원리'인 경우가 많아 직사각형의 격자무늬로 만들어진 도시 설계나 직사각형 실린더 형태로 디자인된 찻잔처럼 디자이너들의 결과물 속에서 형태 속성이 두드러지게 드러난다고 설명했다. 이 점은 해결책을 위한 '정리 배치 원리'를 찾으려는 디자이너들이 '건물 용적에 대한 다양한 시도'를 하는 것과 유사하다. 이런 콘셉트를 세우려면 디자이너들은 뭔가 중요한 인지적 노력을 기울여야 하기 때문에 쉽게 포기하지 못할 수도 있다.

도널드 쇤Donald Schön은 디자이너 실무에 관한 가장 영향력 있는 연구를 진행했다. 사색적 실무 이론, 즉 전문직 종사자가 어떻게 생각하는지를 확립하려는 광범위한 연구(심리 치료에서 관리에 이르기까지) 중 일부였다. 이 연구가 영향력 있는 또 다른 이유는 관찰에 대한 그의 분석이 정확하고 예리하기 때문이다. 디자이너와 (디자인 경험이 있는) 디자인 연구자 모두 도널드 쇤의 분석이 옳다고 인정한다. 이렇게 영향력 있는 연구가 디자인 활동의 부분적 예만 근거로 했다는 것이 놀랍다. 게다가 그 예는 실제 디자인 예가 아니라 대학의 건축 디자인 수업에서 경력 있는 디자이너가 학생을 가르치는 것을 관찰한 내용이다.

쇤은 기술적 합리성 또는 과학 이론의 억지 적용이나 실질적인 문제에 대한 기술 이론에 반대되는 것으로 사색적 실무 이론을 확립했다. 그는 실무자들이 실제로 업무에 얼마나 능한지 설명할 수 있는 새로운 '실무 인식론'을 구하려 했다. 그는 "능력 있는 아는 방식이 책을 통해 알게 되는 지식과는 다르다."라고 주장했다. 사례 연구 분석은 쇤의 이론의 근거를 마련했다. 그는 이렇게 설명했다. "능력 있는 실무자들은 대개 자신들이 말하는 것보다 훨씬 더 많이 알고 있어요. 그들이 실무를 통해 얻은 지식 대부분은 무언의 관습적인 것입니다."라고 설명했다. 쇤은 실무에서의 사색적 인식 과정을 사고와 행동의 실무 환경에서 '직관적인' 행동으로 이끄는 지능으로 파악했는데 이것은 '발 빠른 대응' 행위와 비슷하다. 이런 실무 사고 활동의 중심에는 '구조 실험'이 있다. 이것은 실무자들이 당면한 문제 상황을 보는 관점, 문제를 파악하는 구조를 말한다.

쇤은 디자인 과정을 '상황과의 사색적 대화'라고 했는데 문제의 틀을 잡고 해결 가능성을 조사하는 '활동'의 의미를 탐구하는 상호작용 과정으로 설명했다. 그는 디자이너가 복잡한 상황에 직면한다고 했다. "이런 복잡함으로 디자이너의 행동은 다행이든 불행이든 의도하지 않은 결과를 낳는 경향이 있다. 이때 디자이너는 새로운 행동을 취해 새로운 평가와 이해를 형성하고 의도하지 않은 변화를 고려할 수도 있다. 디자이너는 초기 판단에 따라 상황을 조성하는데, 이때 상황이 '반응'하고 디자이너는 상황의 '반응'에 반응한다."

쇤이 사용한 디자인 예는 교사 퀴스트Quist가 학생 페트라Petra를 가르치는 상황이다. 페트라는 경사진 지역에 학교를 세우는 문제를 해결해야 했다. 퀴스트는 페트라에게 자신의 생각을 설명하기 위해 말과 스케치를 활용해 자신의 인지 과정, 실무에서의 사고 방법에 대한 통찰력을 제공하려 했다. 말하는 것(즉 생각하는 것)과 그림은 다른 디자이너들처럼 함께 진행되었다.

페트라는 디자인의 모든 부분에서 막혀 있다. L 자 모양의 교실들을 서로 연결하긴 했지만 이것을 현장에 끼워 맞추는 것이 문제였다. "건물 모양을 현장 대지 윤곽에 맞추려고 했지만 경사 지대여서 들어맞지 않아요."라고 페트라는 설명한다. 퀴스트는 현장 대지의 윤곽에 집착하지 말고 대지에 건물의 기하학적 구조를 표현해보라고 제안했다. "처음엔 감이 오지 않겠지만 뭔가 규칙을 세워야 해요. 나중에 언제든지 바꿀 수 있어요." 퀴스트는 평면도와 단면도를 그리기 시작하면서 현장에 부여할 형태의 '규칙'이 무엇인지 탐색한다. 탐색하면서 그는 디자인에 대한 '새로운 평가와 이해'를 얻는다. "여기에 교실 한쪽 끝에서 다른 쪽 끝까지 전미분total differential 가능성이 보이네요. 최고 450센티미터니까 150센티미터 간격으로 하면 가장 키 큰 어린아이 정도가 되겠죠? 이 부분에 조용한 공간이 들어설 수도 있고 여기와 저기 사이는 2층 정도 차이가 날 수도 있겠군요."

'어린아이 키 정도의 방'은 디자인 지침서에 있던 내용이 아닌 퀴스트가 해결책을 탐색하다가 발견한 가능성이다. 그가 디자인하면서 발견한 속성인 것이다. 쇤에 따르면 이것은 상황에서의 '의도하지 않은 변화'이다. 퀴스트는 이것을 자신이 설정한 문제 구조에 적합한 긍정적인 요소로 해석했다. 그가 디자인을 계속해 나가면서 다른 긍정적 요소들이 발견되어 다듬어졌다. 이제는 현장 조건까지도 고려한다. "갤러리 층을 계속 이어갈 수도 있어요. 이 아래를 봐요. 이거 좋군요. 대지 조건을 살려 몇 가지 아이디어를 내보면 아주 좋을 듯해요. 카페테리아가 너무 공식적으로 정해진 기능만 할 필요는 없을 것 같네요. 카페테리아가 여기 들어올 수도 있고 여기서 여름 햇살과 겨울 햇살을 받을 수도 있겠죠."

퀴스트가 보여준 한 가지는 "만약 이렇다면?"이라고 물을 수 있는 자신감이다. 현장에 L 모양 블록을 더 깊이 새겨 넣으면 어떨까? 150센티미터 높이 간격을 두면 어떨까? 갤러리 층 순환 공간을 만들면 어떨까? 이런 '만약'의 추측들은 쇤이 파악한 '움직임'이다. "각 움직임은 이후 움직임들과 관련된 의미를 가진다. 각 움직임은 설명하고 풀어야 할 새로운 문제를 낳는다. 퀴스트는 움직임, 결과, 의미, 평가, 또 다른 움직임들을 이어가면서 디자인한다. 각 움직임은 문제를 재구성하는 포괄적 실험에 속하는 부분적 실험들이다. 퀴스트는 움직임의 예기치 못한 결과와 의미를 생각하면서 상황의 반응을 살피고 새로운 평가를 내리면서 향후 움직임을 계획한다."

디자인이 진행되면서 스케치는 움직임과 의미들의 기록이 된다. 많은 것이 여전히 미확정 상태지만 '만약'의 추측으로 긍정적인 결과가 나온 경우도 있고 당분간 유지하도록 결정된 사항도 있다. 쇤은 이런 것들이 과정 중의 선택점이라고 설명했다. "초기 움직임으로 생겨난 상황을 생각하면서 디자이너는 현재의 선택뿐 아니라 앞으로의 선택들도 고려해야 합니다. 각 선택은 이전 행보로 이루어진 의미 체계와 관련해 서로 다른 의미를 가집니다. 퀴스트는 매우 복잡한 디자인 과정을 정리하는 능력이 뛰어나요. 그렇더라도 계속 팽창해나가는 디자인 과정을 완벽하게 통제하기는 어렵습니다. 어느 시점에 가서는 '만약'에서 벗어나 의미를 가지는 결단을 내려야 합니다. 따라서 디자이너의 생각 속에서 의미 체계는 끊임없이 진화합니다."

우리가 쇤의 분석을 통해 얻을 수 있는 것은 전형적이고 빠르게 움직이는 신속한 결단을 보여주는 실례다. 초기의 문제 상황은 디자이너에 의해 '틀이 잡힌다'. 퀴스트의 틀 만들기는 서로 연결된 일련의 L 모양 블록이라는 페트라의 시작점에서 출발해(퀴스트는 완전히 새로운 그의 생각으로 시작하는 게 아니라 해결책을 전개하는 법을 페트라에게 지도한다) "이 블록들을 경사진 현장에 어떻게 적절히 넣을 수 있을까?"와 같은 질문을 던진다. 그는 움직이고 보는 일련의 사고 활동을 통해 작업한다. 즉 '만약'에 근거해 움직이고 (그의 스케치 속에 드러난) 결과를 파악하고 (결과가 좋든 나쁘든) 결과를 분석하고 이와 관련된 또 다른 움직임을 실천한다. 스케치를 통해 움직임이 계속 이어진다. 이렇게 해서 움직임 과정이 기록되고 생각을 자극하고 새로운 움직임을 만들어낸다.

규모가 훨씬 더 크지만 피터 로의 건축 디자인 연구에서도 뭔가 비슷한 현상이 나타난 것이 틀림없다. 디자이너들은 복잡하게 얽힌 관련 움직임, 생각, 결정 그리고 또 다른 움직임들을 계속 이어나간다. 디자이너들은 이런 복잡한 현상들을 유지하기 위해 노력한다. 한 발 물러섰다가 처음부터 다시 시작하기를 잘 하지 못하는 것이 이해된다. 하지만 처음부터 다시 시작해야 할 때가 있다. 문제의 틀이 부적합하거나 틀 안에서 움직임들을 효과적으로 유지할 능력이 없을 때는 새로운 출발점, 새로운 문제의 틀이 필요하다.

쇤의 연구가 특히 유익한 정보를 제공한 이유는 퀴스트의 말과 그림에 관한 생생한 데이터 덕분이다. 다른 때 같으면 자신의 생각을 드러내지 않고 조용히 내면적으로 인지하겠지만 퀴스트는 학생들을 가르치기 때문에 그들을 위해 자신의 생각을 밖으로 드러내야 한다. 이것은 '생각을 드러내는' 프로토콜 연구와 같은 사례를 제공하는데 디자이너들이 어떻게 생각하는지 조사할 때 자주 활용된다. '프로토콜'은 생각의 연속으로, 디자이너의 말에서 드러난다. 프로토콜 연구는 대개 실험실에서 실시된다. 간단한 디자인 프로젝트를 진행하면서 디자이너는 '생각을 말로 표현'한다. 이런 유형 연구에 대한 자세한 증거는 이 책에서 자주 등장할 것이다.

디자이너들이 일하는 것을 관찰하는 이런 디자인 연구는 디자인 행위의 속성에 관해 디자이너들이 한 말을 확인시켜준다. 디자이너는 불확실성을 감수하면서 일해야 하고 스케치와 모델을 바탕으로 추측, 탐구, 건설적인 상호작용을 하며 자신감을 갖고 생각하는 '직관적' 힘을 믿어야 한다.

디자이너가 하는 일 생각하기

피터 로는 디자이너가 적합하지 않은 해결책에 너무 오래 집착하는 경향이 있는데, 이것은 다른 사람들의 말을 통해서도 알 수 있다고 했다. 디자이너가 일하는 전형적인 방식에 대한 초기의 비평을 통해 디자이너가 좀 더 합리적으로 일할 수 있도록 디자인 방법과 가이드라인을 제공하려는 시도가 있었다. 이런 가이드라인은 대개 문제를 최대한 철저히 분석하고 세부적으로 나누고 세부 문제들에 적합한 해결책을 찾고 평가한 다음 전체적인 해결책을 선택, 조합하는 체계적인 절차를 요약한 것이다. 근본적으로 분석, 합성, 평가의 과정이다. 하지만 이런 절차는 좀 더 직관적인 생각과 사고를 하는 디자이너의 행동과 반대되는 이성적 행동이고 문제 해결 이론에서 차용한 부적절한 모델을 근거로 하기 때문에 디자인계의 비판을 받아 왔다.

디자인 사고가 일반적으로 알려져 있는 연역적, 귀납적 사고와 다르다는 이론적 주장이 제기되어왔다. 라이어널 마치Lionel March는 디자인 사고와 논리적, 과학적 사고를 구분했다. 그는 이렇게 지적했다. "논리는 추상적인 형태에 관한 것입니다. 과학은 현존하는 형태를 탐구하고, 디자인은 새로운 형태를 만들어냅니다. 과학에서의 가설은 디자인에서의 가설과 다르며, 논리적 제안과 디자인 제안은 다릅니다. 추측에 근거한 디자인은 사고의 방식이 귀추적이기 때문에 논리적으로 판단할 수 없습니다."

마치는 일반적인 사고 유형인 연역법과 귀납법이 분석과 평가 활동에만 논리적으로 적용된다고 주장했다. 하지만 디자인과 가장 밀접한 활동은 일반적으로 사고의 형태로 인식되지 않는 합성, 통합하는 활동이다. 마치는 철학자 C. S. 퍼스Peirce의 연구를 통해 '귀추적' 사고에서 간과되었던 콘셉트를 파악하고자 했다. 퍼스는 이렇게 말했다. "연역법은 뭔가가 분명하게 있음을 증명하고, 귀납법은 뭔가가 실제로 작용함을 보여주며, 귀추법은 뭔가가 있을지도 모른다고 제안한다." 이런 가설은 제안이나 추측의 행위이고 이것이 바로 디자인 행위의 중심이다.

연역적 사고는 형태적 논리의 사고이다. 만약에 a와 b가 같고 b와 c가 같다면 a는 c와 같다. 귀납적 사고는 과학의 논리다. 어떤 지역에서 모든 백조를 관찰하고 모든 백조가 하얗다는 것을 알게 된다. 그리고 '모든 백조는 하얗다.'라는 원칙을 확립한다(하지만 다른 지역에 가서 백조를 관찰했더니 흑조도 있어서 이 원칙이 틀렸음을 깨달을 수도 있다). 귀추적 사고는 디자인의 논리다. 여러분은 성인을 위한 전화를 디자인해달라는 의뢰를 받는다. 어른들이 깔끔하고 세련된 형태와 색깔을 좋아한다는 것을 여러분은 잘 안다. 여러분은 매끄러운 윤곽에 부드러운 흰색 덮개와 투명한 검정 버튼이 달린 디자인을 제안한다(깔끔함과 세련됨을 위해 가능한 일반적인 제안의 예).

라이어널 마치는 디자이너가 구성 또는 제품을 만들어내기 때문에 '귀추적 사고'라는 용어 대신 '생산적 사고'라는 말을 더 선호한다. 디자이너가 해결책을 문제의 반대편에 놓고 아이디어를 제안하기 때문에 '병렬적 사고'라는 용어도 적합할 것 같다. 일반적인 논리와 달리 디자인 해결책은 문제에서 직접 나오는 게 아니라 문제와 연결될 뿐이다. 원칙을 입증하기 위해 여러 사례를 연구했다가 한 가지 사례로 원칙이 잘못되었음을 입증하기도 하는 과학자들과 달리 디자이너는 적절한 결과를 내는 단 하나의 만족스러운 사례만 만들어내도 기뻐한다.

헨릭 게덴리드Henrik Gedenryd는 전통적인 사고방식이 왜 디자인에는 적합하지 않은지를 포괄적으로 분석했다. 인지 과학적 관점에서 상호작용 디자인을 분석한 게덴리드는 인지 과정이 순전히 이성적이고 정신적인(머릿속으로만 일어나는) 활동이 아니라 실질적이고 상호작용적인 활동이라고 주장했다. 그는 "스스로 작용하는 의식은 전체 인식 체계의 극히 일부에 지나지 않는다."라고 결론지었다. 전체 체계는 의식, 활동, 세상 또는 물질 환경에서의 생각과 행동의 조합으로 이루어진다고 본 것이다. 디자이너가 일하는 방식은 상황에 따른 임시적 모델들과 상호작용하면서 더 광범위한 체계를 아우른다. 스케치, 프로토타이핑 prototyping, 실물 모형 mockup, 시나리오 등 여러 디자인 기술을 통해 디자이너는 미래의 상황을 탐구한다. 이런 기술은 세상을 인식의 일부로 만들고 디자이너들에게 상황별 전략을 제공한다. 따라서 게덴리드는 이런 디자인 기술과 전략의 중요한 역할에 대한 이론적 설명을 제공했다. 그는 추상적 사고만으로는 복잡한 디자인 업무를 만족스럽게 수행할 수 없음을 보여주었다.

타고난 디자인 지능

디자인 실무를 다룬 다양한 연구에서 가장 주목할 만한 성과는 디자인 능력에서 드러나는 고유하고 선천적인 지능에 대한 인식이 높아졌다는 점이다. 디자인을 좀 더 이성적이고 체계적인 것으로 만들려 했던 초기 연구들은 이 타고난 디자인 능력의 자연스러움을 무시하고 디자인 사고에 질서를 부여하려 했을지도 모른다. 디자인을 마치 과학처럼 인식하고자 했던 연구도 있었고 일반적인 디자인 활동을 기술적 합리성에 입각해 전혀 다른 새로운 활동으로 대체하려는 시도도 있었다.

이런 노력은 디자인을 알 수 없는 분야로 보는 이전의 견해에 대한 반작용이었을 수도 있다. 아직도 디자인을 설명할 수 없는 능력으로 보는 사람들이 있다. 그래서 디자인 활동을 부적절하게 재정립하려는 시도가 있다. 하지만 이제 디자인의 중심부에서는 디자인 능력을 좀 더 성숙한 자세로 이해하고 깨달은 시각으로 바라본다. 디자인 능력의 속성을 연구해 디자인을 이해하고, 능력의 장단점을 분석하며, 능력을 옹호하고 개발하려는 노력을 통해 이런 성숙한 시각은 더욱 성장했다.

여기까지 디자인 사고를 더 잘 이해하기 위한 한 가지 방법으로 실무 현장에서 일하는 디자이너에 대한 사례 연구를 살펴봤다. 다음에는 디자이너와 디자인 활동에 대한 사례 연구를 살펴볼 것이다. 이런 연구들은 인터뷰와 실험 조사를 통한 정보로 디자인 사고에 대한 심도 높은 자료를 제공한다. 다음 두 장에서는 내가 인터뷰와 대화를 통해 연구한 두 명의 뛰어난 디자이너에 대해 알아보기로 한다.

2 승리를 위한 디자인

첫 번째 사례 연구에서 소개할 디자이너는 포뮬러원Formula One(FIA국제자동차연맹가 규정하는 세계 최고의 자동차 경주 대회-옮긴이) 레이싱 카 디자인과 같은 상당히 경쟁적인 환경에서 매우 성공적이고 혁신적인 디자이너로 오랜 경력과 우수한 실력을 인정받은 사람이다. 갓 대학을 졸업한 젊은 공학기술자였던 고든 머리Gordon Murray는 고향인 남아프리카공화국에서 영국으로 이주해 클럽 행사에서 자신이 직접 만든 레이싱 카로 경주에 참가했다. 머리는 디자이너이자 제도사로 브라밤Brabham 포뮬러원 레이싱 카 팀에 합류했고 오래지 않아 수석 디자이너가 되었다.

12년 동안 고든 머리는 혁신적이면서도 성공적인 레이싱 카들을 디자인하는 중요한 임무를 수행했다. 그가 디자인한 브라밤의 차는 넬슨 피케Nelson Piquet가 운전해 1981년과 1983년 월드챔피언십에서 우승했다. 1987년 머리는 맥라렌McLaren 포뮬러원 팀으로 자리를 옮겨 기술 감독이 되었다. 1988년부터 1991년까지 총 네 개의 레이스 시즌에서 머리와 그의 팀이 디자인한 맥라렌의 차는 알랭 프로스트Alain Prost와 아일턴 세나Ayrton Senna가 운전해 드라이버스챔피언십Drivers' Championship과 컨스트럭터스챔피언십Constructors' Championship에서 우승했다. 고든 머리의 자동차는 총 51개의 그랑프리 경주에서 우승했다.

이후 고든 머리는 포뮬러원 팀에서 파생된 맥라렌카스리미티드McLaren Cars Limited의 기술 책임자가 되었고 도로를 질주하는 전혀 새로운 '슈퍼 카'의 디자인과 개발을 맡았다. 맥라렌 F1(그림 2.1)은 '최고'의 스포츠카로 엄청난 주목을 받았다. 여러 기술 혁신이 그렇듯 F1도 좌석 배치가 새로웠다. 운전석이 중앙에 있고 두 개의 조수석이 운전석 양옆으로

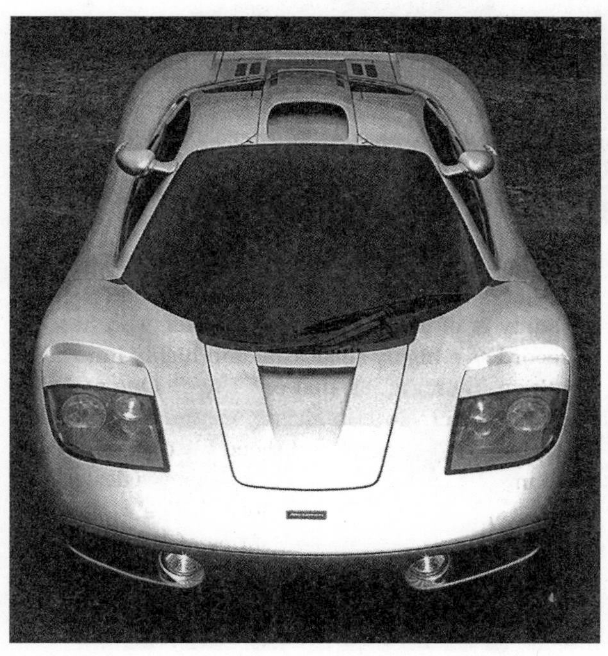

2.1 맥라렌 F1.

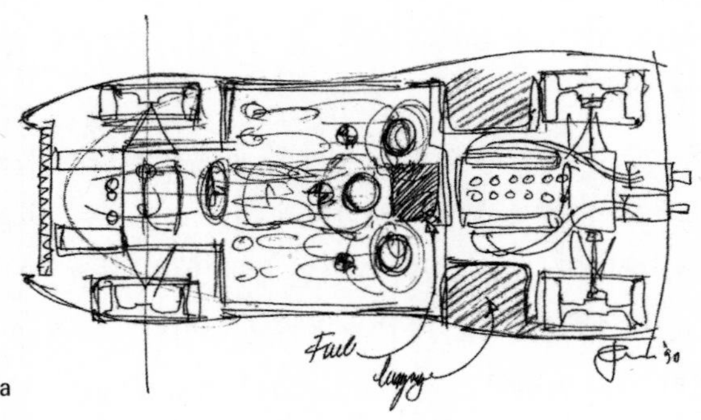

a

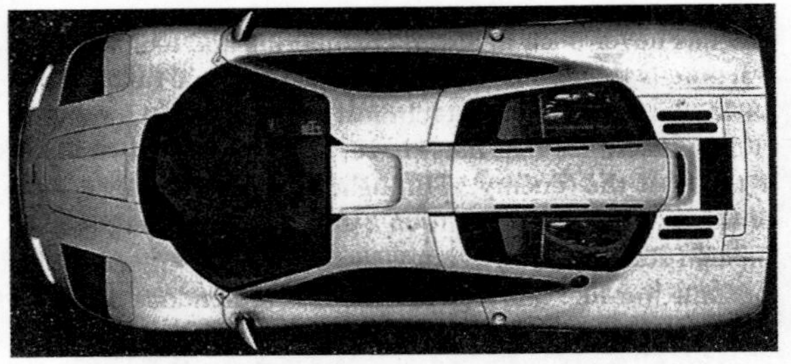

b

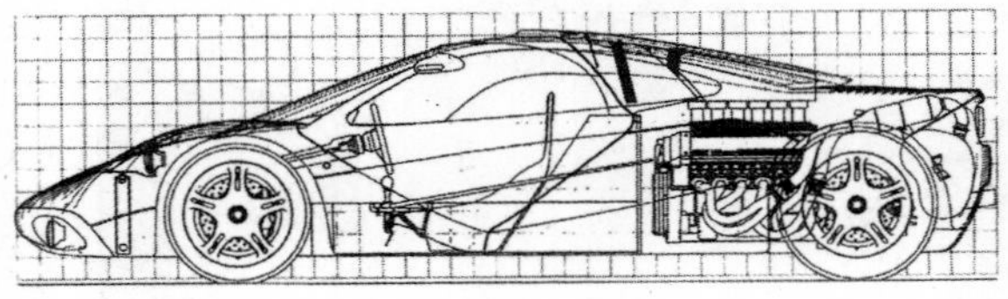

c

2.2 (a) 맥라렌 F1을 위한 고든 머리의 스케치. (b) 맥라렌 F1을 위에서 내려다본 모습. (c) 맥라렌 F1의 옆면과 단면의 세부 그림.

살짝 뒤에 있어서 '화살' 같은 형태를 이루었다(그림 2.2). F1도 포뮬러원 차처럼 엄격한 원칙에 따라 디자인되었다.

F1의 GTR 버전이 스포츠카 경주를 위해 생산되었을 때 이 원칙들의 진가가 증명되었다. 첫 출전이었던 1995년 르망Le Mans 24시간 경주에서 맥라렌의 F1 자동차들이 1, 2, 3, 4위를 휩쓸었다. 머리는 메르세데스 맥라렌 SLR⊠라는 또 다른 슈퍼 카를 디자인했다. 이후에는 매우 색다르게 T.25라는 소형 저가 자동차를 디자인했는데, 2008년에 처음 발표되었고 2009년에 T.27 전력을 사용하는 버전이 출시되었다.

포뮬러원 디자인하기

포뮬러원 레이싱 카 디자인은 다른 디자인 영역의 방식과 매우 다르다. 고든 머리는 이것을 전쟁에 비유한다. 그는 전쟁을 겪지 않았지만 전쟁 상황에서는 공학기술 발전을 이용해 적에 맞서 최상의 상태를 유지해야 함을 안다. 이처럼 포뮬러원에서는 인력, 재정 능력, 기술력이 기계의 디자인과 제작에 투입되어 최고의 성능을 유지하면서 '적'에 맞설 수 있어야 한다고 생각했다. 9개월의 포뮬러원 시즌 동안 2주마다 각기 다른 분야에서 전투가 벌어지고 매년 새로운 전쟁이 시작된다. 수년 동안 디자인, 제작, 실험, 경주, 구성 등 전반적인 기술 업무를 지휘, 감독, 관리하는 역할을 브라밤에서 수행한 고든 머리에게 이런 전쟁 같은 분위기는 엄청난 스트레스였을 것이다. 그랑프리 경주 일정이 이미 정해진 상태에서 경주나 연습 기간을 하나라도 놓치는 것은 용납되지 않기 때문에 스트레스는 끊임없이 이어졌을 것이다.

이 끊임없는 '전쟁'에도 '교전 규칙'이 있다. 포뮬러원의 기술 및 스포츠 규정에는 각 팀이 지켜야 할 물리적, 작전상 제한이 상세히 명시되어 있다. 고든 머리는 레이싱 카 디자인 규정(제한 또는 디자인 조건)과 그로 인한 부담과 경쟁을 혁신을 위한 필수 요소로 본다. 동일한 조건에서 일하는 모든 팀에게는 끊임없이 다듬고 발전시키는 혁신만이 경쟁력을 높여준다. 다른 분야에서는 이런 규정이 그리 엄격하지 않아 좀 당황할 수도 있고, 디자이너들이 해결책을 만들어야 하는 공간에서 갈피를 잡지 못하고 우왕좌왕할 수도 있다. 고든 머리는 다른 디자인 분야에서도 일해봤지만 편하지 않았다. 레이싱 카 디자인 분야 외 다른 디자인 분야에서는 디자이너가 그리 큰 부담을 느끼지 않고 규정이 그다지 엄격하지도 않고 경쟁이 심하지도 않으며 독특하고 혁신적인 디자인 아이디어도 별로 없다는 게 머리의 생각이다.

포뮬러원 디자이너와 다르게 다른 분야의 디자이너가 중요하게 생각하는 요소는 바로 돈이다. 디자인 비용의 재정적 한계가 이들에겐 관건이다. 하지만 머리는 이것에 전적으로 동의하지는 않는다. 그는 브라밤에 있을 때 예산이 포뮬러원에 비해 비교적 적은 편이어서 더 큰 팀 예산의 3분의 1 정도밖에 안 되었지만 혁신적 아이디어의 가능성을 제한하지는 않았다고 주장한다. 돈이 좀 부족하다는 건 실험을 덜 하고 여분 개수가 적어짐을 의미하지만 혁신은 결국 사람과 환경에서 나오기 때문에 예산이 문제 되지 않는다는 것이다. "디자인은 환경과 처한 상황에서 나옵니다. 환경과 상황의 영향을 받게 되죠. 일종의 전쟁 상황 속에 있는 거예요. 2주마다 전투를 치르는 겁니다. 그래서 뭔가 생각해내려고 늘 안간힘을 쓰죠. 시간과 노력이 더 많이 드는 정상적인 디자인 개선 과정도 신경 쓰면서요. 건축, 다리, 가구 디자인에 비해 매우 치열한 상황이죠." 머리는 시티 카 city car 디자인을 위해 돈을 절약해야 하는 상황에서도 동일한 디자인 사고 원리를 적용했다.

획기적 혁신

자동차 경주 시즌 동안에는 자동차 디자인을 계속 개선하고 조정해야 한다. 부속품 고장, 운전자가 차의 성능과 핸들링에 대해 언급한 내용이나 특정 경주 순환로의 특정 코너 또는 특성과 관련해 구체적으로 언급한 내용처럼 분명히 드러나는 결점 등을 확인하는 작업이다. 성능 개선은 매우 미세한 차이(1초의 10분의 1과 같은)로 보일 수도 있지만 경주에서는 이것 때문에 순위가 갈린다. 또한 다른 팀들도 계속 발전하기 때문에 상황은 항상 유동적이다.

이런 계속되는 부담감 때문에 디자이너들은 디자인을 더욱 향상시킨다. 하지만 새로운 디자인, 즉 한 단계 혁신하기 위해 자동차 디자인에서 할 수 있는 것은 한계가 있다. 머리는 이렇게 말한다. "주어진 상황과 부담감 속에서 벽에 부딪힐 때가 옵니다. 일반적인 수정들을 하면서 이젠 빨리 가는 게 문제가 아니라 한 단계 더 나아가야 한다는 걸 깨닫죠." 한 단계 전진하는 과정은 모든 팀이 경쟁 상대보다 유리하게 새 시즌을 시작할 방법을 모색하는 경기가 열리지 않는 짧은 기간 동안에 주로 일어난다.

자동차 경주 대회 기간 내내 계속되는 부담감은 멈추지 않는 성공을 향한 열정을 낳는다. 머리는 이렇게 말한다. "빨리빨리 가야죠." 이런 부담감에 긴장이 더해지고 책임감까지 가중되어 나중에는 거의 패닉 상태가 된다.

새로운 자동차 디자인만이 상황을 해결한다. 대개 대부분의 팀에서 찾는 해결책은 지난 시즌 자동차 디자인의 새로운 버전이다. 새로운 창틀, 서스펜션suspension, 새롭게 개정된 규정 조항도 지켜야 한다. 이런 것들이 고든 머리에겐 획기적인 새로운 콘셉트인 '한 단계 더 나아가는' 노력이다. 부담감, 열정, 패닉 속에서 그는 획기적인 아이디어를 생각해 갑자기 마음이 날아갈 듯 가벼워진다고 했다. 이런 획기적인 아이디어는 갑자기 떠오른다. "참 진부한 이야기 같지만 목욕하다가 아이디어가 떠오르는 경우가 많아요. 실제로 그렇습니다." 아이디어는 문제에 대해 한참 생각하고 난 뒤 전통적인 형태로 떠오르는데 혁신적인 디자인에서 가장 중요한 요소, 즉 기본 원리로 문제 상황을 생각하는 것을 강조한 다음 그는 '근본적인 실질적 원리로 다시 돌아가는 것이 필요하다'고 강조한다. 아이디어를 꼼꼼하게 실행하려는 의욕도 중요하다. 경기가 없는 짧은 기간 동안 긴장을 늦추지 않으면 자동차 경주 시즌처럼 열정을 가지고 아이디어를 전개해 실행에 옮길 수 있다. 차의 무게, 성능, 핸들링 등을 시험한 뒤 가능성이 보였던 아이디어들은 버린다. 경주용 자동차 디자인의 경우 아이디어만 가지고 다 되는 게 아니라 '실현 가능'한지가 중요하다. 머리는 이렇게 말한다. "아이디어가 있어도 일단 시도해봐야 합니다. 그래야 도움이 안 되는 것들을 쳐낼 수 있지요."

하이드로뉴메틱 서스펜션

획기적인 혁신의 한 예로 고든 머리는 브라밤에서의 하이드로뉴메틱 서스펜션 시스템hydro-pneumatic suspension system(유기압 현수장치-옮긴이) 개발을 언급했다. 1980년대 초 포뮬러원을 주최한 FISAFédération Internationale du Sport Automobile는 경주용 자동차의 '지면 효과'를 줄이는 것에 대해 우려하기 시작했다. 이 효과는 로터스Lotus 팀의 차들에서 시작되었다. 부드러운 하부가 지면과 매우 가깝고 측면과 세심한 공기 역학적 디자인으로 지면 효과의 다운포스downforce(공기 저항과 중력으로 발생하는 힘으로, 항공기나 자동차를 아래로 눌러주어 안정성을 높인다-옮긴이)가 생겨 차를 지면에 더 잘 붙어 있게 한다. 따라서 코너링 속도가 더 빨라질 수 있다는 이야기였다. 그러나 이런 지면 효과가 심하게 작용할 경우 운전자가 의식을 잃을 수도 있다는 우려의 소리도 나왔다. FISA는 결국 '미끄러지는 옆면'의 사용을 금했지만 바닥과 최소한 6센티미터 띄어야 한다는 규정과 함께 고정된 옆면을 허용했다. 고든 머리에게 이런 갑작스러운 규정 개정은 혁신의 자극제로 다가왔다.

머리가 디자인한 차 중에서 첫 번째 월드챔피언십에서 우승한 차는 바로 이런 규정 변화 때문에 개발되었다. "바뀐 규정을 읽으면서 어떻게 해야 하나, 어떻게 지면 효과를 살리지, 그런 생각을 했죠. 규정에는 이렇게 쓰여 있었어요. '어떠한 경우에도 지면과 차체 사이 간격은 6센티미터가 되어야 한다. 운전자가 이 간격을 바꿀 수 있는 장치는 없어야 한다.' 모두가 이걸 읽었고 간격이 6센티미터 되는 차를 만들었죠. 6센티미터 간격이 1센티미터가 된다면 차의 다운포스를 두 배로 할 수도 있습니다. 직선 코스 끝의(브레이크를 밟은 상태) 어느 시점에는 간격이 1센티미터가 될 거예요. 따라서 내가 실제로 이걸 가능하게 한다면, 그러니까 차가 저절로 알아서 아래로 내려갈 수만 있다면, 어떠한 기계적 도움이나 버튼이나 전기 장치 없이도 그렇게 된다면 그건 규정을 어기는 게 아니죠. 그래서 우리는 3개월 만에 하이드로뉴메틱 서스펜션을 개발했습니다."

고든 머리는 이 문제를 생각했고 주최 측에서 경기 중 브레이크를 밟았을 때나 코너를 돌 때와 같은 어느 시점에는 모든 차가 지면과의 간격이 6센티미터 이하로 줄어들 거라는 사실을 인정해야 한다고 말한다. 운전자의 조정이나 기계 장치에 의한 지면과의 간격 조정은 허용되지 않기 때문에 그는 물리적 힘, 기본 물리학 그리고 차의 움직임이 가지는 '기본 속성'에 집중했다. 브레이크를 밟을 때와 코너링 때 발생하는 힘은 차에 비대칭적으로 작용하기 때문에 활용하지 못했지만 움직이는 차의 기압으로 발생하는 다운포스는 전체 차 길이와 넓이에 골고루 작용해 차를 눌러주는 효과가 있다. 따라서 디자인은 자연적인 다운포스로 차를 아래로 누르면서 코너링 속도가 약간 늦춰질 때도 차를 계속 누르다가 차가 정지했을 때는 다시 6센티미터 간격의 제자리로 돌아가게 하는 것이 관건이었다.

고든 머리가 개발한 이 기발한 해결책은 하이드로뉴메틱 서스펜션 받침대를 각각의 바퀴에 달고 유압유 탱크에 연결하는 것이었다. 차가 빨리 달릴수록 기류의 자연 다운포스가 차체를 서스펜션에서 더 낮게 누르고 각 서스펜션 받침대의 유압유가 탱크로 밀려 나간다. 차가 속도를 늦췄을 때 유압유가 다시 서스펜션 받침대로 돌아가도록 속도를 대폭 늦추는 방법을 찾아야 했다. 코너링 서스펜션이 낮게 유지되겠지만 속도를 늦추면서 정지할 때 유압유가 탱크에서 서스펜션 받침대로 되돌아가 간격이 6센티미터 되도록 한다.

"그래서 나는 의료계에서 쓰는 마이크로필터micro-filter 기술을 조사해봤습니다. 의료계에서는 유기 마이크로필터를 쓰는데 액체를 아주 천천히 흐르게 하더군요. 우리는 이 필터 중 하나를 가지고 세계에서 가장 작은 스로틀 밸브throttle valve(게이트 밸브의 일종으로 원판을 회전시켜 관로를 열고 닫

음으로써 유체와의 마찰에 따라 유체의 압력을 낮추는 데 사용한다-옮긴이)와 아주 작은 핀을 만들었어요. 이걸 만들려고 눈으로 잘 보이지 않을 정도로 작은 드릴을 사용했죠! 그러고 나서 필요한 크기의 구멍을 재빨리 개발해 이 작은 구멍들을 통해 유압유가 밀려들어 갈 수 있도록 했습니다. 모두 다운포스에 의해 자연적으로 말이죠. 핀이 유압유를 탱크로 밀어 넣고 차가 지면에 닿아 있는 상태에서 실질적으로는 차 옆면이 지면에 닿은 채로 질주하게 됩니다. 유압유가 밸브와 필터로 다시 돌아가는 데 시간이 오래 걸리기 때문에 차를 아래로 붙잡아둘 수 있고 경주가 끝난 뒤 속도를 늦추기 위해 경기장을 한 바퀴 돕니다. 그러면 차가 서서히 다시 올라오죠. 운전자가 어떻게 하는 것이 아니라 모두 물리적 힘에 따른 것이죠! 아르헨티나에서 첫 경주가 열렸을 때 모두 놀랐습니다. 사람들이 돌아버릴 정도였어요!"

다른 팀들은 브라밤의 차에 운전자가 조종하는 어떤 장치가 장착된 것이 틀림없다고 주장했다. 물론 차가 피트pits(자동차 경주에서 주행 도중 응급 수리나 연료 보급을 위한 간이 정비소-옮긴이)에 있을 때보다 경주 중일 때 더 낮은 건 사실이지만 참관인들은 규정에 위반되는 아무런 장치도 발견하지 못했다. 다른 팀들의 압력에 못 이겨 주최 측은 브라밤의 차가 경주할 때 분명 6센티미터보다 낮은 상태였고 이것이 규정에 위배된다고 했지만 고든 머리는 그것은 다른 차도 마찬가지라고 대응했다. 항의를 잠재우기 위해 그는 경주에 참가하는 모든 차의 하부에 페인트를 칠해 경주 이후 지면에 하부가 닿은 차를 확인해 실격 처리할 것을 제안했다. 물론 다른 팀들은 이 제안을 수용하지 않았다.

고든 머리는 작은 하이드로뉴메틱 서스펜션을 공개하면서 차 날개 밑에 기어 박스로 가는 전선이 담긴 커다란 모형 알루미늄 박스를 놓아 사람들을 더욱 혼란스럽게 했다. "예외 없이 모든 팀이 와서 보고는 기술자들에게 술을 사면서 뭐든 캐내려 했고 박스 안에 뭐가 들었는지 찾아내려 안달이었어요. 밸브에 주목한 사람은 아무도 없었죠. 물론 박스 안에는 아무것도 없었어요!" 얼마 동안 다른 팀들이 하이드로뉴메틱 서스펜션 시스템의 여러 가능성을 무턱대고 실험하는 것을 보면서 머리는 재미있어 했지만 시즌 후반부의 일부 경주에서 FISA는 입장을 바꿔 운전자가 조정할 수 있는 서스펜션 높이 조절 스위치를 허용해 머리에게 실망을 주었다.

고든 머리의 하이드로뉴메틱 서스펜션 시스템은 규정이 바뀌면서 지면 효과의 이점을 유지하는 방법을 찾는 과정에서 개발한 혁신 사례다. 이것은 자연력 효과에 대한 '기본 원리'에서 시작해 기초 아이디어를 의욕적으로 실현 가능하도록 만든 획기적인 디자인 혁신의 예다.

피트 스톱

고든 머리의 획기적인 혁신의 또 다른 예는 브라밤 팀이 경주 중 급유하거나 타이어를 교체할 수 있는 피트 스톱pit stops

을 도입한 것이다. 이것은 피트 스톱이 일반화되기 이전이었고 결국 2010년 시즌 때 규제 대상에서 제외되었다. 엄밀히 따지면 이것은 자동차 디자인의 혁신은 아니지만 경주를 이기기 위한 전체 목표에 좀 더 체계적인 접근 방식을 반영한 것이다. 당시에는 경주의 일부로 일정한 시간 간격을 두고 피트 스톱을 하는 게 일반적이지 않았다.

피트 스톱은 타이어가 구멍 났거나 심하게 닳아 교체해야 하는 긴급 상황일 때 이용했다. 그러나 고든 머리에게는 피트 스톱을 도입하는 것이 차를 좀 더 가볍게 만드는 기본적인 문제로 관심을 돌리면서 시작된 전체 전략의 일부였다. 차가 가벼울수록 가속과 감속을 더 빠르게 할 수 있다.

고든 머리는 차를 가볍게 하는 문제를 오랫동안 고민해왔다. 그는 규정을 살펴보면서 차에 언제 급유해야 하는지가 명시되어 있지 않음을 발견했다. 그래서 정상적인 전체 경주에 필요한 연료를 다 채우지 않고 반 정도만 채우고 달리다 경주 도중 피트 스톱에서 급유하는 방법을 생각해냈다. 하지만 이것은 생각을 좀 더 철저히 탐구하기 위한 시발점에 불과해 자세한 실행 방법을 고안해야 했다.

우선 머리는 이 방법을 검토했다. 피트 스톱은 시간이 오래 걸린다. 피트에서 차가 정지해 있는 시간뿐 아니라 피트로 차가 들어올 때 감속하는 시간, 정지하는 시간, 급유를 마치고 다시 가속하는 시간 등 버리는 시간이 많고 타이어가 다시 최적 운행 온도로 가열되기 위해서는 몇 바퀴를 돌아야 한다. 포뮬러원의 피트 스톱은 개선을 거듭해 실제로 차가 정지해 있는 약 6초 동안 타이어 네 개를 모두 갈고 100리터 급유까지 할 수 있게 되었다. 경주에서 손실된 시간은 총 20초 정도일 것이다. 고든은 피트 스톱에서의 시간 손실이 26초 이내라면 충분히 해볼 만하다고 판단했다.

유리한 점을 계산하기 위해 여러 요소를 고려했다. 무게를 줄이는 것과 함께 절반 크기의 연료 탱크도 큰 탱크보다 유리해 하중 분포를 낮춰주고 경주 내내 더 일정하게 유지할 수 있으며 코너에서 롤커플roll-couple(회전 중심과 무게 중심 사이 간격-옮긴이)도 낮아 코너링을 더 빠르게 할 수 있다. 차가 가벼울수록 부드러운 바퀴로도 잘 달려 코너링 속도가 향상될 수 있기 때문에 바퀴 마모와 단단한 바퀴냐 부드러운 바퀴냐의 선택도 중요한 요소로 작용한다. 이점을 가진 차는 경주 초반에 다른 운전자들이 차를 더 과격하게 몰고 위험을 무릅쓰도록 만들기 때문에 심리적인 면도 작용한다. 모든 목적과 요인들을 검토하고 철저하게 계산한 결과 피트 스톱으로 26초 미만의 시간을 잃지만 그만큼 값을 한다는 결론을 내렸다.

당시 바퀴 교체를 위해 짧게 피트 스톱을 한 경우 실제 정지 시간은 15초 정도였다. 고든 머리는 이 시간을 약 10초로 줄이고 감속 시간과 워밍업 시간도 최대한 줄여야겠다고 생각했다. 그래서 이전에 아무도 생각하지 못했고, 드디어 그가 개발한 이 혁신 과정은 계속 이어졌다. 엄청난 개발 계획을 터무니없이 빠른 시간 안에 완성해야 했다.

"처음 생각대로 피트 스톱을 실제로 시험하는 데 3-4주걸렸고 그게 우리에게 주어진 시간이었어요. 하나씩 점검했죠. 10초 안에 132리터를 급유하려면 어떻게 해야 할까요? 압력을 활용하는 게 유일한 방법이었고 그 외에 비상사태 타개책이 필요했습니다. 경주용 자동차 디자인의 매력이 바로 이런 거죠. 백열전구에 불이 켜지듯 이전에 아무도 생각지 못했던 획기적인 아이디어를 내긴 했는데 이젠 단시간 내에 이 아이디어를 디자인으로 실현시켜야 하는 겁니다. 어떻게 할지 방법만 생각하는 게 아니라 그림도 그리고 모형도 만들고 시험도 해보는 거죠."

불과 3주 만에 이들은 아이디어를 내고 디자인하고 압력 이송 재급유 시스템을 만들고 시험까지 했다. 피트 스톱 절차를 향상시키기 위해 머리는 피트 스톱 연습 장면을 촬영해 영상을 보면서 어려운 점, 문제점 등을 파악했고 절차를 개선하기 위한 방법들을 생각했다. 너트가 잘 조여질 수 있도록 휠너트건wheel-nut gun을 다시 디자인하기도 했다. 새로운 시스템과 개선 그리고 피트 팀의 훈련 덕분에 실제 정지 시간을 목표했던 10초 이내로 줄일 수 있었다. 하지만 '가장 힘든 과제'가 남아 있었다. "새 바퀴를 달면 온도가 내려가 차가운데 속도를 제대로 내려면 항상 두 바퀴는 돌아야 합니다. 두 바퀴가 돌 동안 시간이 손실되어 모든 것에 차질이 생기죠. 바퀴는 섭씨 70도에서 제대로 작동하기 시작합니다. 그래서 우리는 가스히터가 달린 나무 오븐으로 바퀴를 데웠다가 차가 들어오기 10초 전에 오븐 문을 열고 바퀴를 돌린 다음 끼웠어요. 아주 빨리 이루어졌죠. 지금은 모든 그랑프리 팀이 바퀴를 데우는데, 시작은 이랬습니다."

피트 스톱은 정해진 제한 조건 안에서 조금이라도 유리하게 하려는 경쟁심에서 탄생한 획기적인 혁신의 예다. 기본 아이디어를 정확하게 계산해 검토하고 총체적인 시스템 접근 방식으로 꼼꼼하게 하나하나 확인하며 실행에 옮겼다.

F1 조향 축

맥라렌 F1은 포뮬러원 원리로 디자인되었고 여러 획기적인 요소들이 포함되었다. 그중 하나가 좌석 배치인데 운전석이 중앙에 있어 두 개의 조수석이 살짝 뒤로 있고 운전석과 약간 겹친다. 이 화살촉 모양의 구성은 고든 머리가 오래전부터 생각했던 것인데, 25년 전 그가 학생 때 쓰던 공책에도 이미 스케치가 들어 있다! 그가 자동차의 여러 측면에 대해 늘 새로운 아이디어를 준비하고 있음을 분명하게 보여준다.

기본 원리로 디자인하는 그의 방식에서 덜 두드러지는 예는 맥라렌 F1에서 아마도 별로 중요해 보이지 않는 차량의 조향 축 steering column이다. "대개 조향 축은 1.9센티미터의 단단한 강철로 되어 있어요." 축은 바퀴가 돌 때 발생하는 저항력에서 나오는 비틀리는 힘을 견뎌야 할 뿐만 아니라 운전자가 타고 내릴 때 기울어지는 굽힘 하중도 견뎌야 한다. 이 축에는 지지점이 있고 소음을 줄이기 위한 고무 축받이 통bush이 있으며 외관과 편의상 플라스틱 용기에 담겨 있다. 맥라렌

F1은 운전자에게 편해야 하는데 이것은 경주용 자동차 운전자에게 필요한 조향 장치steering라는 느낌이 들지 않는다.

그래서 머리는 경주용 디자인 원리를 적용해 모터의 회전력torque과 굽힘 하중을 분리했다. 조향 축의 형태가 어떻든 전기 선들을 담고 스위치를 감싸는 덮개가 필요했다. '어찌 되었든 덮개가 필요하다면 곤충의 원리를 적용해 골격을 바깥에 두고 그 구조로 모든 굽힘 하중을 견디게 하면 어떨까?'라고 생각해 두께가 1밀리미터밖에 안 되는 알루미늄 튜브 모양의 조향 축을 디자인했다. 이것은 힘만 흡수하고 무게는 나가지 않았다. 또한 조향 장치 받침대를 칸막이 벽bulkhead과 연결해 상대적인 움직임이 없었다. 받침 축받이 통은 계기판 아래가 아니라 핸들 바로 뒤에 있고 시스템은 이제 더 가벼우면서도 기존 것보다 더 강력해졌으며 오른쪽 경주용 핸들도 있었다(그림 2.3). 디자인 과정은 회전력과 굽힘 하중을 분리하는 기본 원리 그리고 외관과 실용성뿐 아니라 구조적 용도로 덮개를 사용하는 기발한 발상에서 시작되었다.

고든 머리는 디자인할 때 경험을 있는 그대로만 기억하지 말고 기본 원리를 머릿속으로 생각하면서 일하라고 말한다. 예를 들어 서스펜션 위시본wishbone(쇄골 모양으로 생긴 서스펜션-옮긴이) 같은 요소를 디자인하는 것에 대해 그는 이렇게 말한다. "너무 쉽죠. 디자인계에 오래 있던 사람일수록 쇄골이 이렇게 생겼으니 이런 모양이 나올 거라고 쉽게 말할 수 있죠." 하지만 여기서 한 단계 더 나아가고 싶다면 더 우수하고 더 가볍게 만들려 할 것이고 기술적인 분석도 살펴봐야 할 것이다. 그는 모든 디자인을 이전에 했던 일로 보지 않고 전혀 새로운 처음 하는 일처럼 여긴다고 말한다.

시티 카 디자인

고든 머리는 경주용 자동차 디자이너로 알려져 있다. 하지만 그는 수년 동안 소형, 저가의 시티 카 같은 매우 다른 콘셉트의 자동차 디자인도 생각해왔다. 맥라렌을 떠난 뒤 그는 자신의 회사에서 이런 종류의 차를 개발하기 시작했다.

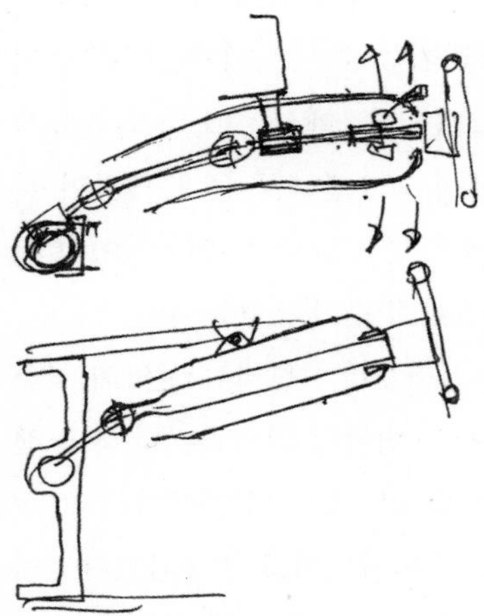

2.3 고든 머리의 F1 조향 축 디자인 스케치. 전기 선들과 스위치를 위한 외부 골격 구조의 외부 덮개와 견고하게 감싸는 작고 가벼운 조향 축(위). 안에 가벼운 케이스가 들어 있는 무겁고 단단한 일반적 축관(아래).

그 결과 2008년 T.25 시티 카라는 이름의 새로운 차가 발표되었고 2010년 첫 시제품이 만들어졌다. T.25는 매우 실용적인 도시형 자동차로 운전자 외 두 명을 태우거나 커다란 물건을 담을 수 있다. 가볍고 민첩하며 성능도 좋고 연료도 적게 들며 도로나 주차 공간도 일반 차의 3분의 1 정도만 있으면 된다. 하지만 고든 머리가 T.25를 만든 이유는 경제적, 환경적인 면보다는 스타일도 좋고 운전하기도 편하며 교통체증 문제를 획기적으로 해결할 실용적인 소형차를 만들고 싶어서였다. 단순히 신형 차를 만드는 데 그치지 않고 자가운전에 신개념을 도입하는 것이 머리의 목표였다.

고든 머리의 경주용 자동차 디자인처럼 시티 카 디자인도 기본 원리에서 시작한다. 시티 카를 위해 머리가 그렸던 1990년대 초까지 거슬러 올라가는 초기 스케치들(그림 2.4)에서 분명히 알 수 있듯이 그는 서스펜션 시스템을 중요시했다. 시스템이 초기 단계에서 중요한 이유는 T.25같이 높고 좁은 차들은 코너를 돌 때 옆으로 눕는 경향이 있어서 서스펜션 시스템에서 이것을 잡아줘야 하기 때문이다.

고든 머리는 또 이렇게 설명했다. "경제성을 위해 최소한의 부품과 가동부들로 축관을 만들고 싶었습니다. 서스펜션 시스템 안에는 단 세 부분만 있어요." 이런 생각은 '프로그 아이frog eye' 헤드라이트 초기 디자인에도 적용되었다. "비용 때문에 서브와이어링 루프sub-wiring loop를 하나만 만들고 싶었고 단순히 모양만 좋은 게 아니라 실용적이기도 하죠. 비용을 고려해 라이트 뒤에 리어 미러를 놓고 싶어서 전조등,

주차등, 메인 빔main beam, 로 빔low beam, 계기, 사이드 리피터side repeater(방향 전환-옮긴이), 히팅 장치, 미러 조정 장치 그리고 미러를 서브루프 하나와 플라스틱 플러그 하나로 한곳에 모아서 모든 기능을 가능하게 했습니다."

실제로 이 시티 카의 혁신적인 제조 콘셉트는 혁신적인 디자인 콘셉트만큼 중요하다. 이런 통합적인 사고는 비용 절감을 위해 필수적이라고 고든 머리는 설명한다. "작고 가볍고 획기적이고 실용적이고 게다가 저렴해야 하는데 세상에서 가장 세련된 작은 시티 카를 만들어놓고 가격이 1만 7,000달러라고 하면 살 사람이 많지 않을 테니까요. 판매가 잘 안 되면 별 의미 없죠. 제작비를 줄여서 소비자 가격을 내

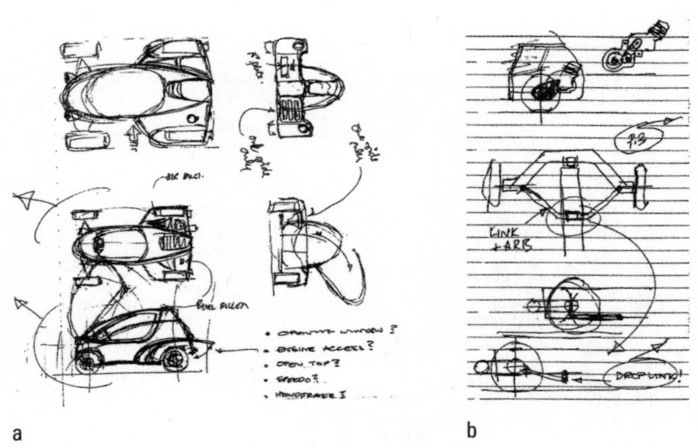

2.4 (a) 고든 머리의 시티 카를 위한 초기 스케치. (b) 전체 콘셉트.
콘셉트 스케치를 한 즈음 수첩에 그린 서스펜션과 다른 디테일 초기 스케치.

리는 방법은 우선 차에 들어가는 부품을 줄이는 것이고 다음이 디자인이죠. 콘셉트는 그다음이고요." 그래서 머리의 콘셉트, 세부 디자인, 제작은 모두 밀접하게 연결되어 있다.

이지 액세스easy access(자동차를 타고 내릴 때 편리하도록 좌석이 앞뒤로 자동 이동하는 시스템-옮긴이), 옆문 대신 위로 들어 올리는 단 하나의 오프닝 캐노피도 같은 접근 방식에서 나왔다. "문을 일곱 개에서 다섯 개로 줄이면 훨씬 싸지고 더 탄탄하고 가벼워집니다. 다섯 개에서 세 개, 두 개로 하는 건 마술과도 같고 단 하나가 되면 이보다 더 나을 수 없죠. 사람들은 차를 사고 싶어 합니다. 이런 걸 처음부터 생각하다 보니 라이트, 거울, 장치, 바퀴, 브레이크 등에도 적용하게 되었죠."

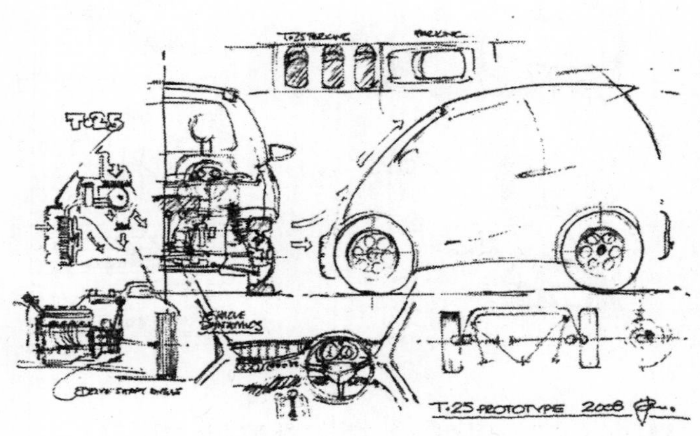

2.5 T.25 시티 카의 이후 스케치.

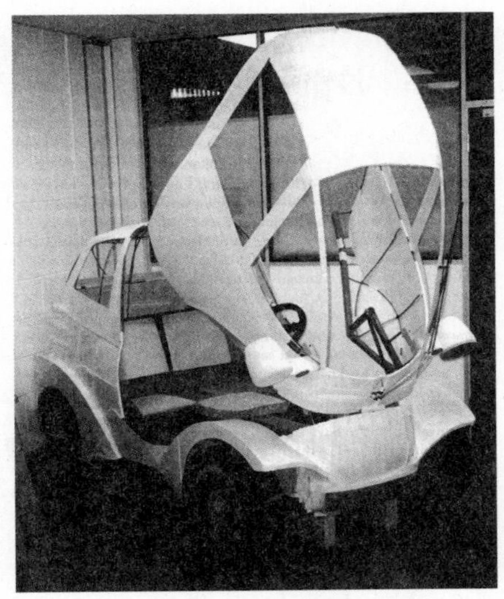

2.6 끈과 판지로 만든 하나의 오프닝 캐노피가 달린 시티 카의 초기 실물 모형.

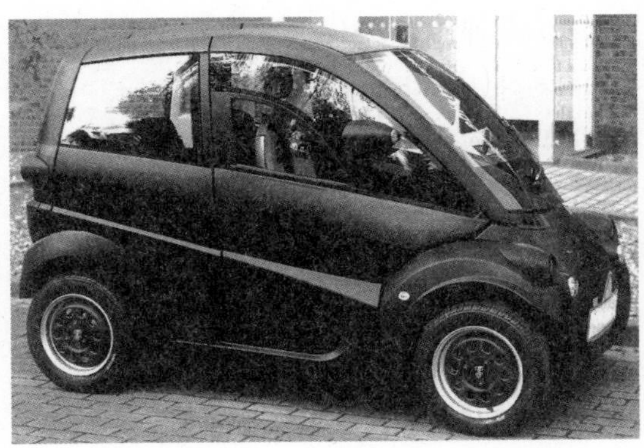

2.7 T.25 시티 카의 초기 모형.

몇 년 동안 수십 장의 세부 그림과 콘셉트를 스케치(그림 2.5)하고 성능을 실험하고 기존 소형차들의 여러 엔진을 사용해보고 나서 고든 머리와 그의 팀이 끈과 판지로 아주 단순하게 실제 크기의 모형(그림 2.6)을 만들자 드디어 디자인 작업에 큰 진전이 이루어졌다. 시티 카의 최종 버전(그림 2.7)은 그 단순한 실물 모형과 매우 닮았다. 실물 모형은 매우 유용한 디자인 도구로 새로운 가능성을 제시하기 시작했다.

예를 들어 고든 머리의 초기 좌석 배치 아이디어에서는 두 명(운전자와 승객)이 자전거에서처럼 앞뒤로 앉을 수 있었다. 하지만 실물 모형을 만들고 나서 짧은 거리를 갈 땐 맥라렌 F1의 좌석 배치처럼 세 명까지도 태울 수 있다는 것을 발견했다. 비용 절감의 또 다른 아이디어도 실물 모형을 통해 나왔는데 디자인 팀원 중 한 명이 뒤에 있는 엔진을 굳이 차 밖이 아니라 차 안에서도 확인할 수 있다는 점을 발견했다. 고든은 이렇게 설명한다. "엔진을 확인하려면 트렁크 뚜껑이 있어야겠다고 생각하던 중에 팀원 중 한 명이 트렁크 바닥을 차 안에서 열어 연료와 물 등을 확인할 수 있겠다고 했어요. 좌석을 납작하게 접고 바닥의 해치를 열면 되는 거죠."

시티 카 디자인에서도 머리가 경주용 자동차 디자인과 같은 방식으로 디자인하는 것을 알 수 있다. 세부 사항에 집중하면서도 전체 콘셉트를 살피는 과정에서 크고 작은 아이디어가 나온다. 그는 차 자체에만 집중하기보다 전체 목표에 좀 더 다양하게 접근하는 것을 볼 수 있다.

고든 머리는 경쟁적인 디자인의 부담을 인식하고 아이디어를 철저히 실행해 성공적인 혁신이 가능하다고 생각한다. 그는 많은 사람이 기발한 아이디어를 가지고 있지만 실제로 만들어보는 시도가 부족하고 결실을 맺기까지 꾸준히 노력하는 자세가 미흡하다고 말한다. “좋은 아이디어가 나와도 빨리 질려버리죠.”

하지만 머리도 자신의 경주용 자동차 디자인이 항상 성공적이지는 않았다고 고백한다. 가장 큰 실패 중 하나가 브라밤의 표면 냉각 차 surface cooling car였다. 이 획기적인 콘셉트는 한 번에 여러 가지가 개선되는 것이었다. 더 가벼워지고 운전자가 더 안전하도록 만들어 장기적으로 볼 때 기술적 이점이 있을 것으로 예상했다.

상상력이 풍부한 그의 ‘표면 냉각’ 아이디어는 엔진 냉각을 위한 일반적인 냉각 장치와 전혀 달랐다. 모노코크 구조monocoque structure(몸통과 뼈대가 하나로 되어 있는 차량 구조-옮긴이)로 만들어진 표면 열 교환기를 통해 물과 연료가 지나가는 대신 차의 ‘외피’가 구조이자 냉각 장치다. 모노코크 형태를 좀 더 개선하고 전자 엔진을 더 정교하게 만들고 운전자를 위한 랩타임lap-time 기기 장치 시스템, 카본파이버 브레이크 디스크carbon-fibre brake discs, 더 빠른 바퀴 교체를 위해 온보드 에어 재킹on-board air jacking(탑승 상태에서 바퀴 교체를 위해 차를 들어 올림-옮긴이) 시스템 등을 보완했다.

표면 냉각 기능을 실행하는 데 자잘한 문제가 수없이 발생했고 시험을 계속할수록 표면 냉각 아이디어를 실현시키기 힘들 거라는 것을 알게 되었다. 고든 머리는 이렇게 말했다. "왜 안 되는지 이미 알고 있었지만 시간이 너무 없었죠." 그래서 이전 시즌 차를 개조하는 것으로 급하게 해결했다. 그것은 비용이 매우 많이 들어간 실패였다.

또 다른 혁신적 디자인의 실패는 1986년 시즌을 위해 고든 머리가 브라밤에서 마지막으로 디자인한 차였다. "이 차는 너무 낮게 디자인되어 운전자가 거의 누울 정도였죠. 따라서 엔진도 비스듬히 누워야 해 결국 실현 불가능했습니다. 드러누운 엔진이 배유를 제대로 할 수 없어서 계속 마력을 손실했죠." 하지만 1988년 시즌 때 맥라렌에서 고든 머리는 같은 콘셉트를 좀 더 성공적으로 개발했다. "브라밤에서 시도한 것과 똑같은 형태로 드러누운 맥라렌 차를 만들었는데, 이 차에서는 혼다 엔진을 썼고 경주 열여섯 번 가운데 열다섯 번 우승했습니다. 불가능한 것들이 있긴 하지만 그건 아이디어 때문이 아니라 돈과 시간이 모자라서 일을 제대로 할 수 없었기 때문이죠."

디자인 과정과 작업 방식

경주용 차와 회사를 차려야겠다는 동기를 부여해준 시티 카 디자인은 고든 머리의 기여도가 매우 높지만 디자인 과정은 어쩔 수 없이 팀 작업이 많다. 그는 함께 일하는 사람들에게 영감을 준다. 디자인 문제를 팀원과 함께 풀어나가고 그 때문에 다방면에 능한 팀원을 선호한다. "우리 팀원은 전부 디자이너이자 엔지니어예요." 그는 같이 일하는 걸 좋아해 드로잉 판이나 실물 모형 주변에 서서 함께 문제를 논의하고 아이디어를 낸다. 맥라렌 F1을 디자인할 때는 5미터나 되는 드로잉 판을 사무실에 설치해 차 전체를 그릴 수 있게 했고 몇몇 팀원이 판에 둘러서서 그림을 그리기도 한다.

그는 팀 관리를 독재자와 외교관 중간에 서는 것이라고 말한다. 자신이 무엇을 원하는지 정확히 알지만 여러 사람이 모여서 아이디어를 이리저리 살피는 것을 좋아한다. 팀원을 직접 뽑는 걸 선호하고, 그들에게 자유와 책임감을 적당히 부여해 팀에 뭔가 의미 있는 기여를 한다는 느낌을 갖게 한다. 그는 팀원들도 자신만큼 의욕적이기를 기대한다. '찌르면 자동차 연료가 흘러나올 것 같은' 사람을 뽑는다. 팀원 누구나 팀 목표에 헌신적이고 끊임없이 새로운 기술을 개발하고 최신 정보를 얻을 정도로 의욕적이기 때문에 별도의 연구 개발 부서가 필요 없다.

고든 머리는 전체적인 아이디어를 빠르게 그리고 여러 개선과 보완을 거쳐 차를 개발한다. "전체적인 아이디어를 빠르게 그리고 보기 좋은 부분이 있으면 다른 부분을 지워 버리는 게 아니라 그것을 한쪽에 놓습니다. 이것을 좀 더 발전시키고 쓸모없는 것은 버리는 과정을 계속 반복하는데 이 과정에서 90퍼센트를 버리죠." 그는 혼잣말을 하기도 하고 스케치에 '쓰레기' '너무 무겁다' '30밀리미터 이쪽으로 움직일 것'과 같은 메모를 자주 한다. 결국 좀 더 세밀한 그림을 그리지만 평면도, 입면도, 단면도 모두 드로잉을 근거로 한다. "브라밤 구성원들은 이 드로잉들을 '머리의 놀라운 음모'라고 불렀죠. 그들은 '저 안에 뭐가 있는지 알아내는 사람이 있다니 정말 놀라운 일이야!'라고 말하곤 했습니다."

3 기분 좋은 디자인

두 번째 소개할 사례 연구는 제품 디자이너 케네스 그랜지Kenneth Grange와의 인터뷰 내용을 근거로 했다. 이전 장에 소개된 연구에서처럼 이 연구에서 성공적이고 혁신적인 디자이너가 어떻게 생각하는지를 살펴보고자 한다.

케네스 그랜지는 세계적으로 유명한 디자인 컨설팅 회사 펜타그램Pentagram의 창립 파트너 가운데 한 사람이다. 볼펜에서부터 일회용 면도기, 택시, 철로 엔진에 이르기까지 그는 다양한 제품을 디자인한 매우 성공적인 디자이너이다. 그랜지는 50여 년 넘게 디자이너로 활동하고 있으며 그가 만든 많은 제품은 우리의 가정과 길에서 또는 철로에서 매우 친숙하게 볼 수 있다. 켄우드Kenwood의 믹서기, 윌킨슨소드Wilkinson Sword의 면도기, 코닥Kodak의 카메라, 임페리얼Imperial의 타자기, 모피리처즈Morphy Richards의 다리미, 론슨Ronson의 담배 라이터, 벤딕스Bendix의 세탁기, 파커Parker의 펜, 앵글포이즈Anglepoise의 등, 영국의 초고속 디젤 열차 하이스피드트레인High-speed Train, HST의 앞부분, 런던 택시의 획기적인 TX1 버전이 모두 케네스 그랜지의 디자인이다. 그는 왕립산업디자이너회의 왕립예술협회 엘리트 그룹에 속하며 그의 세련된 디자인은 디자인협의회상Design Council Awards과 듀크오브에든버러

상The Duke of Edinburgh's Award을 열 번이나 수상했다. 공인디자이너협회Chartered Society of Designers로부터 금메달을 받았으며 2001년에는 평생 공로상에 해당하는 프린스필립디자이너상Prince Philip Designers Prize을 수상했다.

배경

케네스 그랜지의 성공적인 디자인 경력에서 매우 흥미로운 점은 그의 성공적인 디자인들이 일련의 우연으로 시작되고 발전했다는 점이다. 경찰관의 아들이었던 열네 살 소년 그랜지는 장학금을 받으려고 아트스쿨에 지원했다. 윌즈던미술공예학교 Willesden School of Arts and Crafts를 졸업하고("4년 내내 데생만 배웠어요."라고 그는 회상한다.) BBC 방송국에서 장면 그리는 일을 잠깐 하다 학교 교장의 추천으로 도시 계획 기관에서 일하는 졸업 동문을 찾아갔다. 동문이 그랜지를 자신의 건축가 친구들에게 소개해주어 건축 분야에서 진보적인 업체로 꼽히는 아르콘 Arcon을 알게 되었다. 그랜지는 이렇게 회상한다. "건축을 전혀 몰랐기 때문에 아르콘이 어떤 회사인지도 몰랐지만 그들이 '기술발간부 technical publications department'라고 부르는 부서에 들어갔죠. 거기서 의뢰인에게 보여주기 위한 드로잉을 그렸어요."

이후 그랜지는 열아홉 살에 군에 입대했는데 그의 드로잉 포트폴리오 덕분에 사용 설명서에 들어갈 그림을 그렸다

(그가 예상했던 카무플라주 무늬를 탱크에 그리거나 하는 일은 아니었다). 여러 포병 기계를 시행착오를 거치면서 분해해 각 부분과 조립 과정을 그림으로 표현하는 일이었다. "재조립 과정을 설명하는 일이라 그리는 방식이나 드로잉들을 조합하는 방식이 정해져 있었죠." 군무기의 조립과 재조립에 대한 드로잉을 그리면서 그랜지는 공학기술을 알아가기 시작했고 이때부터 작동 방식, 실용성, 기능성에 관심을 가져 그의 디자인 접근 방식의 중요한 원리로 자리 잡았다. "사람이라면 누구나 선천적으로 탐구심이 있습니다. 실용적인 것도 중요하지만 나는 역학, 구조, 사물에 관심이 많아요."라고 그랜지는 말한다.

군 제대 후 그렌지는 건축가 동료들과 다시 일하기 시작했다. 아르콘의 파트너 중 한 사람인 잭 하우는 그랜지에게 자신만의 작업을 하라고 권했다. 이런 개인적인 작업은 주로 주말에 그림을 그리거나 벽화 등을 그리는 일이었다. 그러다 우연히 당시 원자력 관련 기관을 위한 일거리를 얻었는데 꽤 잘되었다. 몇 달 뒤 의뢰인이 다시 연락해 "제네바에서 열리는 전시회 부스를 디자인할 수 있겠습니까?"라고 제안했다. "이 일은 나 혼자 감당하기에 규모가 너무 커서 결국 한 달 만에 직원 세 명을 고용하고 내 집 거실과 나의 작은 사무실을 오가며 일했는데 매주 일거리가 늘어났죠. 나중엔 매우 큰 대형 프로젝트가 되었어요." 이렇게 해서 얼떨결에 케네스그랜지디자인컨설팅회사Kenneth Grange design consultancy가 만들어졌다.

케네스 그랜지의 디자인 작업에서 눈에 띄는 특징 중 하나는 단순히 제품 스타일을 만들거나 스타일을 바꾸는 데 그치지 않는다는 점이다. 그의 디자인은 제품의 목적, 기능, 용도를 근본적으로 재조명하는 데서부터 시작한다. 하지만 단순히 이런 획기적이고 혁신적인 능력 때문에 많은 의뢰인이 계속 새로운 프로젝트를 그에게 맡기는 것은 아니다. 그는 이렇게 말한다. "의뢰인은 대부분 자사 제품에 대한 인식을 바꾸려는 아주 기본적인 상업적 동기를 갖고 있죠. 제품의 용도나 기능적인 측면에서 접근하는 의뢰인은 거의 없어요." 하지만 그랜지는 새로운 프로젝트를 시작할 때 항상 '탄탄한 근거'를 갖고 싶어 하고, 제품의 기능성이 그런 근거를 제공한다. "나는 백지 한 장을 앞에 놓고 절대 겁먹지 않아요. 제품의 기능성, 기능을 살리는 방법, 디자인 방향 등을 생각하면서 그것들을 잘 조합할 방법을 모색하고 백지를 채워나가죠. 이것은 아마 내 성격 때문이기도 할 거예요. 내 지식과 경험에 비추어 내 약점을 잘 알기 때문에 뭔가에 대해 주장하고 싶을 때 그것을 뒷받침할 수 있는 근거가 없으면 불안하죠. 근거 없이 억지 부리는 것을 못 하거든요."

제품의 기능성에 대한 그랜지의 실질적인 태도는 일상생활에서도 드러난다. "나이가 들수록 편하게 사용할 수 없는 제품을 잘 견디지 못해 문제를 찾아나서는 편이죠!" 한 예로 그는 최근 홍합 전문 레스토랑에서 있었던 일을 이야기해주었다. "웨이터가 홍합이 담긴 커다란 스테인리스 사발을 뚜껑을 덮어서 테이블 위에 올려놨는데 매우 뜨거웠죠. 함께 간 친구의 사발 뚜껑에는 손잡이가 있는데 내 것에는 손잡이가 없어서 무척 화가 났어요. 그런데 그 레스토랑에서 나 혼자만 그렇게 화를 낸 거였더군요. 그 레스토랑에서 손잡이 문제로 화를 낸 사람이 지금까지 없었나 봅니다. 하지만 나는 화가 나서 웨이터와 레스토랑 매니저까지 불렀죠. 나는 그런 일을 당하면 참지 못합니다!"

프리스터&로스먼 재봉틀

제품의 불편함을 참지 못한다는 건 케네스 그랜지 자신이 디자인할 때 편리함을 매우 중요하게 생각한다는 뜻이다. 이것은 그가 프리스터&로스먼Frister & Rossman이라는 성능이 우수한 고급 제품들을 만드는 독일 회사를 위해 디자인한 재봉틀에서도 잘 드러난다. 이 회사는 우수한 제품들을 생산하지만 판매를 더 높일 수 있는 새로운 디자인을 찾고 있었다. 그랜지는 기본적인 성능을 유지하면서도 더 사용하기 편하고 새로운 형태와 스타일의 디자인을 만들었다(그림 3.1).

그랜지의 새 디자인은 기능성과 실용성에 충실하면서도 자신의 개인적 경험에서 비롯된 것이다. 그는 자신이 재봉틀을 사용한 경험에서 출발했다. "실제로 재봉틀로 뭔가 만들어본 적이 있기 때문에 근본적인 장단점을 빨리 이해할 수 있었습니다." 그랜지는 보편적인 디자인에서 그가 '모순'이라고 부르는 것을 발견했다. 재봉틀의 기계 장치(바늘)는 대개 하단 부분 중앙에 위치하는데 사실 사용자는 바늘 뒤보다는 바늘 앞쪽에 공간이 필요하다. 이 점에 대해 그랜지는 이렇게 설명했다. "바늘 앞쪽에 공간이 넓을수록 천을 제대로 당겨놓을 수 있어서 더 좋습니다. 바늘 뒤로 천이 넘어가면 이미 바느질된 상태라 더 이상 어쩔 수 없고 천을 위한 공간이 필요 없죠." 그래서 그랜지는 바늘의 위치를 좀 더 뒤쪽으로 놓아 바늘 앞쪽 공간이 더 생기도록 했다. 그에게 이것은 분명히 고쳐야 할 문제로 보였다. "이건 매우 분명한 사실이지만 지금까지 고쳐지지 않은 것은 재봉틀이라는 기계 자체가 안정성이 요구되는 매우 단순한 공학기술 제품

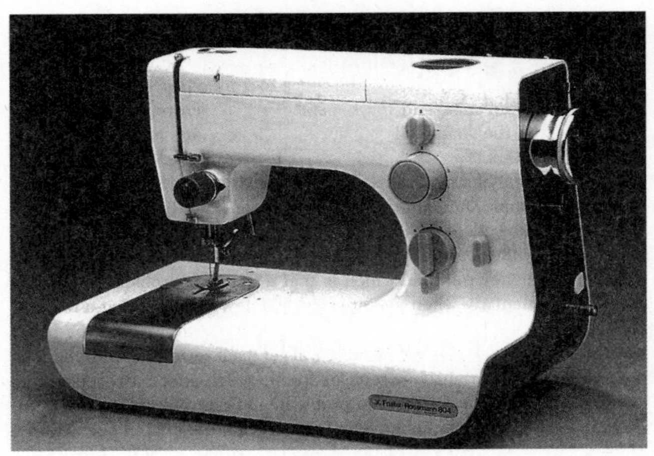

3.1 케네스 그랜지가 디자인한 프리스터&로스먼 재봉틀.

이었기 때문입니다. 처음부터 바늘은 중앙에 있었고 아무도 바늘 앞쪽 공간을 넓혀야겠다고 생각하지 않았던 거죠." 문제 해결책이 나오고 이를 통한 이점이 인식되자 형태는 자연스럽게 나왔다.

이 재봉틀 디자인의 획기적인 변신은 재봉틀 사용 방법에 대한 간단하면서도 근본적인 평가의 결과였다. 그랜지는 하단 아랫부분을 곡선으로 처리했다. 이것은 단순히 스타일을 위한 것으로 보일 수도 있지만 사실은 기능성을 고려한 것이다. "새 천을 쓸 때 천에서 보푸라기가 일거나 천이 느슨해지는 경우가 많다는 이야기를 들었습니다. 이런 보푸라기들이 보빈bobbin(재봉틀에서 밑실을 감은 실패를 넣어두는 북-옮긴이)에 끼여 잘못하면 재봉틀이 멈출 수도 있고 같이 바느질될 수도 있어서 바느질이 깔끔하게 안 될뿐더러 천을 팽팽하게 하는 것도 어려워지고 실에도 영향을 주죠. 이전에 쓰던 방식은 재봉틀 전면을 열어서 보빈을 밖으로 빼내는 거였어요." 사용자가 직접 재봉틀을 뒤로 젖혀야 하는데 이렇게 하면 밑에 있는 장치들을 제대로 살펴볼 수도 없고 재봉틀도 불안정한 자세가 된다.

물론 케네스 그랜지는 이 문제를 그냥 넘어갈 수 없었다. "내가 보기에 이건 그다지 좋은 방법이 아닌 것 같아 제대로 열어서 안을 들여다볼 수 있게 해야겠다고 생각했죠. 그래서 재봉틀을 옆으로 기울여 굴려서 거꾸로 서게 만들어 속에 있는 장치들을 들어내고 보푸라기를 없애게 했어요. 그러다 보니 재봉틀 형태도 뒤쪽 모서리를 굴린 거죠." 둥근 모서리 덕분에 사용자가 재봉틀을 기울이기 편해졌고 세우는 것도 훨씬 안정적이었으며 바닥에 있는 장치들을 청소하거나 기름칠하는 것도 훨씬 수월해졌다. 재봉틀 하단 앞면도 둥글게 처리해 천을 좀 더 쉽게 미끄러지도록 했고 그 외에도 부품들을 넣는 작은 서랍 등을 비롯한 여러 기능이 추가되었다. 그림 3.2는 그랜지의 아이디어를 보여주는 스케치들이다.

그랜지의 재봉틀 디자인은 그가 기능적인 관점에서 디자인한다는 것을 보여준다. 새 기계의 혁신적인 스타일과 기능들은 기계의 일반적인 사용 패턴을 생각해 디자인에 반영한 결과이다. 그는 말한다. "작동하는 모든 기계 장치를

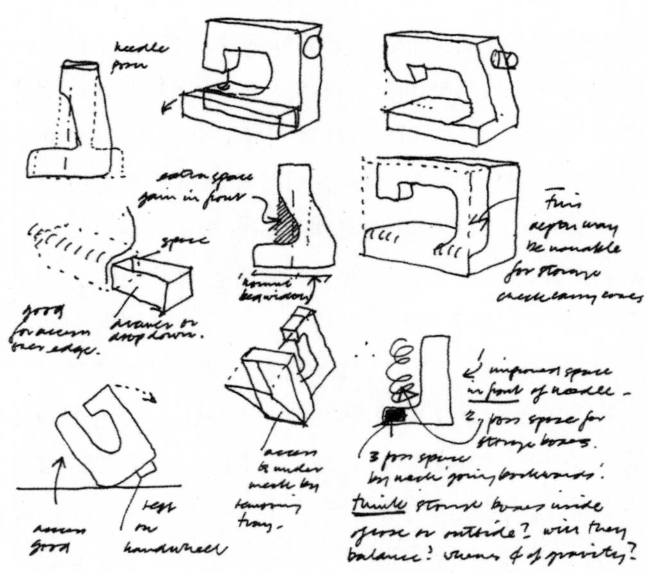

3.2 재봉틀 디자인에 적용된 몇 가지 원리를 보여주는 케네스 그랜지의 스케치.

어떤 태도로 바라보느냐의 문제인 것 같습니다. 나는 기계를 기분 좋게 사용할 수 있어야 한다고 생각해요." 이런 그의 접근 방식의 또 다른 측면은 그가 전체적인 사용 패턴을 고려한다는 것이다. 재봉틀을 주기적으로 청소해야 한다는 점과 사용자가 바느질할 때 재봉틀에 천을 끼우는 방식, 바늘 뒤보다 앞쪽에 더 넓은 공간이 필요하다는 점 등을 고려한 것을 보면 잘 알 수 있다. 이것이 그가 기계의 작동 방식에서 가장 중점을 두는 부분이다. "어떤 과정의 전후에 나타나는 차이를 기대하고 깨닫는 것이 참 흥미롭습니다."

하지만 케네스 그랜지가 의뢰인에게 자신의 획기적인 디자인 제안을 발표하는 것에는 그다지 확신을 가지지 못한다는 점이 의외다. 프리스터&로스먼을 소유한 일본 오사카에 있는 마루젠Maruzen의 이사들이 그랜지의 의뢰인이다. 오사카에서 설명을 들은 뒤 그는 영국으로 돌아가 디자인 작업을 시작했는데 두 가지 서로 다른 디자인을 생각해냈다. 하나는 획기적이었고 다른 하나는 좀 더 보편적이었다. "형태는 새롭지만 내가 들은 설명에 충실해서 만들었기 때문에 기계의 기본 틀은 바꾸지 않았죠." 그랜지는 두 가지 디자인 모델을 들고 오사카로 돌아갔다. "발표 바로 전날 밤 나는 두 디자인 모델을 찬찬히 살폈습니다. 그들이 설명한 대로 만든 것이 너무 빤해 보여서 내가 바보처럼 보일까 봐 두려웠죠. 결국 다음 날 아침 방을 나서기 전에 그들이 설명한 것과 다른 획기적인 디자인 모델을 가져갔습니다. 그리고 발표회에서 꽤 좋은 반응을 얻었어요."

브리티시레일의 하이스피드트레인

케네스 그랜지가 디자인한 것 중에서 가장 유명하고 오래 유지되는 초고속 디젤 열차 하이스피드트레인HST의 차체 전면도 역시 의뢰인의 기대 이상이었다. 이 열차는 영국 국영 철도 브리티시레일British Rail에서 1975년부터 여객 수송 서비스를 시작했다. 주로 소형 기계 장치를 디자인하던 제품 디자이너가 이렇게 대형 공학기술 제품을 디자인했다는 게 놀라울 수도 있지만 이 프로젝트에서도 케네스 그랜지의 기능에 충실한 접근 방식과 시킨 대로 만들기보다는 꼭 필요한 것을 디자인하려는 열정을 엿볼 수 있다.

하이스피드트레인은 브리티시레일에서 같은 시기에 개발해 내세우던 초고속 여객 열차 어드밴스드패신저트레인Advanced Passenger Train, APT의 라이벌 격으로 개발되었는데, APT는 속도를 높이기 위해 승객 칸을 기울이는 것과 같은 획기적인 신기술을 적용했다. APT는 결국 성공을 거두지 못한 데 반해 HST는 보편적인 공학기술 원리(그리고 일부 APT에 적용했던 기술들)를 획기적으로 적용해 큰 성공을 거두었고, 1973년 제작된 원형에는 그랜지가 디자인한 원뿔 모양 차체 전면이 사용되어 시간당 230킬로미터를 가는 세계 기록을 세웠다. 그랜지는 이렇게 회상한다. "처음부터 증기기관차를 디자인하라는 의뢰를 받은 것은 아닙니다." 철도 시간표를 다시 디자인하는 일을 비롯해 지금까지 진행했던 철도 관련 소규모 프로젝트들의 결과로 이 일은 좀 더 조용하게 시작되었다. "철도 관련 일들을 꽤 진행한 편인데 대부분 소규모였고 한두 가지 정도가 조금 비중 있는 작업이었죠. 철도 시간표의 기본 틀을 바꾸는 프로젝트 같은 것들 말이에요. 기차역에 가면 구할 수 있는 안내지 같은 것들이었는데, 정보가 운전자 관점에서 정리되어 있더군요. 기존 운전자 시간표는 열차의 목적지를 알려주기보다는 열차가 언제 출발하고 출발 트랙이 어디인지 알려주는 정도였습니다. 한참 아랫부분에 목적지가 나오는데 시간표 전체를 다 읽어야 발견할 수 있었죠. 이 시간표는 정거장 목록인데 이렇게 구성하면 안 되죠. 어떤 사람이 역에 급히 도착했는데 아는 건 목적지뿐이라면 우선 목적지를 확인하고 기차 시간을 확인할 수 있어야 합니다. 그러나 이전의 시간표는 그 반대로 되어 있었죠." 그래서 그랜지는 시간표를 다시 디자인해 목적지를 먼저 확인하고 기차 출발 시간을 확인할 수 있도록 했다.

이런 소소한 일들 이후 그랜지는 브리티시레일의 디자인부장 제임스 커즌스James Cousins에게 열차 외부를 칠하는 일을 의뢰받았다. 이 열차가 바로 새로 개발된 HST였다. "그를 만나러 찾아갔더니 모델이 있더군요. 그런데 열차 앞머리가 매우 어설퍼 보였어요. 제임스 커즌스는 더비에 있는 엔지니어링부에서 열차를 디자인했는데 열차 외관이 영 마음에 들지 않는다고 하더군요. 번개무늬가 그려져 있었는데 커즌스는 나에게 열차의 상징 색에 대한 아이디어를 내보라고 제안했어요. 회의를 마치고 돌아와 그림 아이디어를 고민하면서 내가 앞머리 모양을 좀 더 낫게 고칠 수 있겠다는 생각도 했습니다." 그랜지가 의뢰받은 것은 열차의 외관을 더 돋보이도록 스타일을 살리는 정도였다. 하지만 그랜지는 스타일을 좀 살리는 정도로 만족하지 않았다. 그는 기능에 따라 스타일이 나오기를 원했다. 그래서 커즌스에게는 알리지 않은 채 공기역학자를 찾아내 런던 임페리얼칼리지Imperial College에 있는 풍동 실험 시설까지 빌리면서 열차 앞머리 디자인 모형들을 만들기 시작해 결국 전체적으로 더 나은 형태를 개발했다.

"풍동 실험을 거치면서 열차 형태가 점점 진화하기 시작했습니다. 제임스 커즌스에게는 사진들을 보이면서 뭉툭한 형태가 아니라 이렇게 좀 더 세련된 형태로 해야 한다고 말했습니다. 그가 애초에 의뢰했던 열차의 상징 색 디자인도 보여줬습니다. 커즌스는 이사회 회의에서 열차 모델과 내가 낸 상징 색 아이디어를 내보이면서 열차 형태도 한번 디자인해 봤다는 식으로 이야기를 꺼냈습니다. 구동 장치나 실제 모터의 공학기술과 무관하게 열차 앞머리 형태를 좀 더 효율적으로 개선할 수 있다고 말했습니다. 커즌스는 풍동 실험 사진들을 보여줬는데 엔지니어링부 사람들은 풍동 실험 시설 근처에도 가보지 않았었죠! 내가 그 회의에 있었더라면 풍동 실험 사진들에 감동하는 이사진들을 직접 보았을 텐데 아쉽습니다. 커즌스가 이사회 회의를 마치고 내게 와서 이제 할 일이 생겼다고 말했지만, 사실 나머지 일들은 비교적 간단했습니다."

케네스 그랜지 디자인의 원형이 성공적으로 개발되었지만 이야기는 여기서 끝나지 않는다. "나는 기술적인 면에 충실했습니다. 창문을 아주 튼튼한 판유리로 하느라 창문 크기가 매우 제한적이었으며 운전자 1인석을 중앙에 배치했습니다. 하지만 노사 간에 이견이 있어 내 디자인대로 가지 않고 운전자 두 명을 나란히 배치했죠. 전면 창문 왼쪽과 오른쪽의 유연한 공기 흐름에 근거한 우리의 공기 역학이 속도 기록에서도 증명되었듯이 변화는 디자인에 중요한 영향을 끼쳤습니다."

운전자 두 명을 나란히 배치해 중앙에 한 명을 배치할 때보다 여러 문제점이 드러났다. 원형에서의 비교적 작은 중앙 창 대신 두 명의 운전자를 위해 중앙 바가 있는 두 개의 창문이 필요했고 창문이 하나 더 생기면서 전면이 다소 평평해져 공기 역학 효용성이 떨어졌다. 유리 제조업체에서 통유리로 된 대형 강화유리를 만들기는 했지만 공기 역학적 문제는 여전히 남아 있었다.

공기 역학 효용성을 높이는 한 가지 방법은 앞머리를 길게 빼서 아래로 기울이는 것이었다. 이렇게 하면 공기를 측면보다 위나 뒤쪽으로 보낼 수 있었다. 하지만 이것은 엔진 완충 장치를 전면에 놓아야 한다는 기술적 조건과 맞지 않아 받아들여지지 않았다. 엔진 완충 장치는 바퀴의 보기bogie(차체의 중량을 각 바퀴에 골고루 분배하고 동시에 차체가 자유로이 방향을 변환해 차의 주행을 원활하게 하는 장치-옮긴이)와 마찬가지로 고정된 위치에 놓여야 하고 완전히 가려지지 않아야 한다.

열차 완충 장치는 열차가 정지할 때 트랙 끝에서 완충

작용을 하기 위해서라기보다는 열차가 완전히 조립되었을 때 엔진이 객차 선로를 변경하는 것을 돕기 위해 필요하다. 케네스 그랜지는 공기 역학 효용성을 잃는 것을 안타깝게 여겨 이 문제를 철도 수석 엔지니어와 상의했다. "엔지니어들이 나를 달가워하지 않았지만 수석 엔지니어 덕분에 나는 회의에 참석해 새 디자인이 이미 기록을 깬 기존 디자인보다 효용성이 떨어진다는 점을 알렸습니다. 하지만 넓은 창

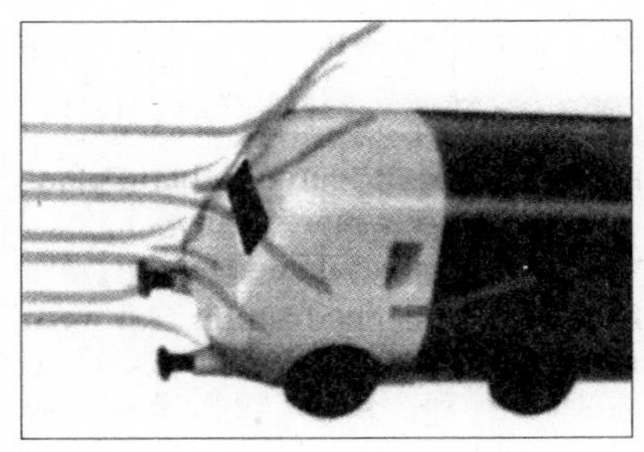

a

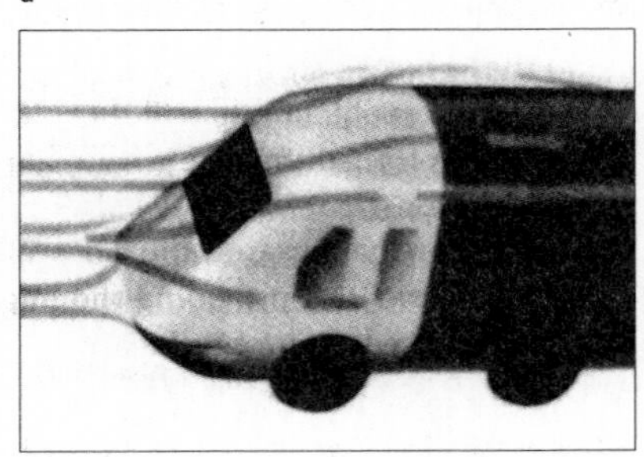

b

3.3 공기 역학을 개선하기 위한 HST 앞코 부분 개발 과정.
(a) 완충 장치가 있는 둥근 코. (b) 완충 장치가 없는 경사진 코.

문으로 같은 효과를 기대할 수는 없었고 이 문제를 두고 여러 의견이 오갔죠. 완충 장치가 없다면 형태가 달라졌을 것이라는 생각에 나는 수석 엔지니어에게 완충 장치가 정확히 어떤 작용을 하는지 설명해달라고 했습니다. 어쩌면 완충 장치를 좀 더 날씬하게 만들 수 있지 않을까 생각했어요. 하지만 강철판이 아무리 좋아도 선로 변경으로 스프링이 적어도 38센티미터 정도는 움직일 것이고 한 줄로 연결된 상태에서 완충 장치를 하우징housing(기계 부품을 덮는 단단한 덮개-옮긴이) 안에 넣을 수도 없으니 바깥에 놓아야만 했죠. 수석 엔지니어는 객차가 항상 붙어 있는 이런 열차는 이제까지 만든 적이 없었다고 했습니다. 이렇게 항상 붙어 있으면 당연히 선로 변경도 안 될 것이고, 그러면 고정된 연결 장치를 쓸 수밖에 없다며 완충 장치가 필요 없을 거라고 했습니다. 그러고는 우리가 지금까지 이 사실을 잊고 있었다면서, 기관차와 객차가 분리된 열차만 있었지 아직까지 이런 열차가 만들어진 적은 없다고 했습니다." 그림 3.3은 HST 디자인이 어떻게 진화했는지를 보여준다.

결국 그랜지의 끈기가 결정적인 돌파구를 마련했다. 영구적으로 기관차와 객차가 붙은 이 새로운 열차에서 완충 장치는 없어도 되었다. 양옆의 공기 흐름을 더 매끈하고 스타일리시한 앞면 위로 올려 공기 역학 효용성을 높일 수 있었다. 기존의 '칠하는 일'에서 시작된 이 프로젝트는 브리티시레일의 이미지를 완전히 새롭고 현대적으로 바꾸었다.

고든 머리처럼 케네스 그랜지도 실패한 디자인이 있었다고 인정했으며, 그러한 실패에서 무언가 배웠길 바란다고 했다. 케네스 그랜지의 실패작 중 하나는 영국과 유럽 대륙 간을 오가는 채널터널Channel Tunnel 유로스타Eurostar 기차이다. 케네스 그랜지는 디자인을 제안하도록 의뢰받은 네 명의 디자이너 중 하나였는데 HST로 큰 성공을 경험한 뒤여서 자신 있었다. 그는 두 가지 디자인을 생각해냈는데 하나는 운전자를 위한 '버블bubble' 앞 유리가 달린 것이었고 다른 하나는 HST와 아주 비슷했다. 그랜지는 이렇게 말한다. "나는 이 기차가 HST와 아주 비슷하다고 생각해 버블 아이디어는 버렸죠." 하지만 다른 디자이너가 '버블' 앞 유리와 관련된 디자인을 제안해 경쟁에서 이겼다! "HST와 비슷한 아이디어를 생각하다니, 정말 바보 같았죠. 프랑스와 벨기에 협력사들이 브리티시레일과 비슷한 기차를 쓰고 싶었겠어요!"

케네스 그랜지의 또 다른 실패작은 브리티시레일을 위해 디자인했던 '그물 의자'이다. 객차 무게를 획기적으로 줄이기 위해 매우 경량의 좌석을 만들려는 목적이었다. 그랜지는 우주선 디자인에 사용된 그물 섬유를 구해 인체공학적이면서 편안하고 가벼운 좌석을 만들었다. 그러나 안타깝게도 이 좌석은 공공 기물을 파손하는 행위 앞에서는 매우 약했다. "깡패 같은 사람이 기차에 타서 칼로 한번 그으면 좌석이 완전히 망가져버리죠."

디자인 과정과 작업 방식

프리스터&로스먼 재봉틀과 브리티시레일의 HST를 보면 케네스 그랜지의 디자인 접근 방식을 알 수 있다. 기능과 용도에 따라 스타일과 형태를 만들어낸다는 점이 두드러진다. 그에게는 이런 작업 방식이 자연스러운 것 같지만 정작 의뢰인들은 이 점을 인식하지 못하고 그랜지를 '스타일리스트'로 여기는 경우가 종종 있다. 그는 이렇게 말한다. "의뢰인들은 새 디자인, 새 스타일이 필요하다고 생각하죠. 그들은 스타일이 구식이 되면 그걸 알아챌 만큼 예리하고 스타일을 완전히 예술적인 것으로만 생각하기 때문에 그저 유행에 관한 것쯤으로 여깁니다. 하지만 나는 거기서부터 시작할 수 없고 물건의 용도를 어떻게 하면 좀 더 향상시킬 수 있을까 하는 관점에서 출발하죠. 정말 운이 좋으면 의뢰인이 좋아하는 스타일이 나오기도 하지만 의뢰인은 어떻게 해서 그런 스타일이 나왔는지에는 별 관심 없어요. 아이디어를 본격적으로 진행하면서 점점 흥미로워지는데, 내가 디자인의 기계적인 측면을 설명해도 의뢰인은 내가 거기까지 생각하는 것 자체를 별로 좋아하지 않고, 특히 공학기술자들은 내가 참견하는 걸 싫어하죠!"

케네스 그랜지는 언제나 제품의 본질과 용도를 신경 쓰는데, 주요 기능뿐 아니라 청소 방법 같은 2차 측면까지도 염두에 둔다. 그러면서도 때로 다른 디자이너들이 '기능이 전부'라고 여기는 것에 대해서는 반대한다. 그랜지는 "스타일, 유행, 즐거움의 요소를 경멸하는 것은 정의로운 척하는 진부함으로 가는 지름길"이라고 말한다.

하지만 이런 개인적인 견해와 함께 그랜지는 자신에게 자주 일어나는 '행복한 우연들'을 언급한다. "내가 자꾸 우연이라고 말하는데 실제로 우연입니다. 사람들이 내가 가진 능력을 필요로 할 때 내가 그 자리에 있었고, 그래서 나는 참 운이 좋았죠. 이런 우연성이 기차와 셰프(켄우드셰프Kenwood Chef의 조리용 믹서. 케네스 그랜지의 초기 디자인이자 가장 널리 알려진 디자인) 디자인에도 나타나는데 덕분에 내가 켄우드와 35년 동안이나 일할 수 있었습니다. 내가 3일 안에 디자인을 만들겠다고 했고, 아마도 그들이 연락한 세 명의 디자이너 중 내가 돈을 가장 적게 불러서 일을 따냈을 거예요. 우연히 내 디자인이 받아들여졌고 생산이 되고 내 인생에 새로운 세상이 열렸는데, 나는 이 일을 2박 3일 만에 해냈죠. 나는 그림은 잘 그리지만 디자인 공부를 한 적이 없고 더구나 발표용 드로잉도 따로 배운 적이 없어서 현란한 드로잉 같은 것은 할 줄도 몰라요. 내가 할 줄 아는 것은 모델을 만드는 거예요. 할 줄 아는 게 그것뿐이라 내가 직접 모델을 만들었죠. 하지만 시간이 충분하지 않아 반만 만들었고 발표회에 거울을 가져가 전체인 것처럼 보이게 했습니다. 무슨 잔머리를 굴리거나 속이려고 한 게 아니라 그저 반을 만들어서 전체를 보여주는 실용적인 방법을 쓴 거예요. 케네스 우드Kenneth Wood가 마음에 들어 했는데 아마도 내가 세일즈를 잘한다고 여긴 것 같아요. 내 입장에서는 그저 운이 좋았던 것뿐입니다."

4 디자이너가 생각하는 방식

이 장에서는 뛰어난 디자이너인 고든 머리와 케네스 그랜지에 대한 사례 연구에서 우리가 관찰한 내용과 얻을 수 있는 교훈들을 요약하고 비교해보겠다. 경주용 자동차, 시티 카, 재봉틀, 기관차와 같이 두 디자이너의 분야는 매우 다르지만 이들의 디자인 접근 방식에는 비슷한 점이 있다. 살아온 배경이나 성격에서도 알 수 있듯이 이들은 일과 성공에 대한 의욕이 넘친다. 이들의 접근 방식은 다른 연구에서 드러난 성공적인 디자이너들의 접근 방식과도 비교할 수 있다. 이렇게 디자이너에 대한 연구에서 밝혀지는 디자인 사고 과정을 통해 우리가 얻은 것들을 일반화할 수 있다.

동기 부여와 태도

고든 머리는 자동차 경주 분야의 혁신적인 디자인은 바로 자신 같은 '부류의 사람', 즉 안 된다는 인식을 깨고 싶어 하는 강한 열정을 가진 사람에서 시작된다고 생각한다. "사람들을 놀라게 하고 싶어 하는 마음이 있죠." 물론 모든 경주용 자동차 디자이너가 그렇지 않다는 건 알지만 그는 항상 경쟁심이 강했다. 그는 항상 의욕적이다. 성공하든 실패하든 많은 스트레스를 받는 환경에서도 그가 끝까지 일할 수 있었던 것은 의욕 덕분이다. 그는 평생 경주용 자동차와 일반 자동차 디자인에 관심을 가졌고 그 분야 일을 했다. 운전석·조수석의 3좌석 구성으로 된 맥라렌 F1 디자인은 운전석을 중앙에 놓고 두 조수석을 운전석 약간 뒤쪽 양옆에 나란히 배치했는데 시티 카에서도 적용된 이 구성은 그가 십대 시절 이미 스케치북에 그렸던 것이다. 고든 머리는 그 스케치북에는 아직도 실제로 만들어질 기회를 기다리는 아이디어들이 많다고 말한다.

케네스 그랜지의 디자인 접근 방식도 '직접 해보면서 배우는' 그의 초기 경험에서 나온 것으로 보인다. 군대에서는 자신이 직접 무기 구조를 분해하고 재조립하면서 다른 사람도 똑같이 할 수 있도록 설명하는 드로잉을 그렸다. 그는 군대가 보탬이 된 또 한 가지는 체력과 힘을 기른 것이라고 생각한다. 그때 다진 체력 덕분에 자신의 디자인 사업을 꾸려나가면서 고된 업무와 장시간 근무에도 견딜 수 있었다고 믿는다. 그는 이런 체력이 리더십의 일부라고 생각한다. "어느 팀이든 여러 자원이 잘 혼합되어 있는 것이 바로 능력이죠. 지적인 자원이 물론 굉장히 중요하지만 늦게까지 잠을 안 잘 수 있는 능력, 깨어 있으면서 뛰어난 집중력을 유지할 수 있는 능력도 무시할 수 없습니다. 그래서 리더가 체력이나 행동 면에서 팀의 모범이 되는 것이 중요하죠." 케네스 그랜지도 '할 수 있다'라는 자세와 의욕이 강하다. "어떤 상황에서든 나는 어느 정도 장사꾼 기질도 있고 자신감도 지나칠 정도로 넘치죠. 늘 긍정적으로 말하는 편이라 사고를 치는 경우가 많습니다!" 그는 이런 사명감이 디자인 팀을 이끄는 데도 도움이 된다고 생각한다. "팀을 이끄는 데 필요하죠. 내가 '그래 우리 내일은 할 수 있어!'라고 말하면 팀원들은 오늘 밤 여자 친구를 만나지 않을 것이고 매일 이럴 거라는 사실을 깨닫죠."

스트레스를 많이 받는 상황에서도 수석 디자이너는 새 아이디어를 전개해나갈 자신감을 가지는 것이 매우 필요하다. 위험을 무릅써야 하고 책임감은 무거워진다. 고든 머리는 이런 책임감이 엄청난 심리적 압박을 준다고 말한다. "사실 매우 고독한 위치죠. 내년 예산이 달려 있고 모든 기술자, 팀, 후원 업체, 운전자, 친구, 가족이 나에게 의지하고 있거든요. 경주용 자동차 디자인은 훌륭해야 하고, 나는 이 정신 나간 아이디어에 올인하는 꼴이죠." 그는 때로 자신이 감수하는 위험 부담에 매우 긴장하기도 한다고 고백한다. "가끔 밤에 자다 깨서 '그냥 평범한 차를 만들고 말지!'라고 생각하기도 합니다." 하지만 그는 바로 위험을 무릅쓰는 것이 혁신적인 디자이너와 평범한 디자이너의 차이라고 생각한다. 빠르게 진행되는 경주용 자동차 디자인 과정, 압박감, 책임감 등이 그에게는 아드레날린이자 짜릿함이다. "마치 높은 파도 위에서 서핑을 하는 기분인데 그 맛을 알기에 포기하지 못하는 것이죠." 고든 머리는 이런 생각을 시티 카를 디자인할 때도 가졌고 스트레스를 받는 상황에서도 획기적인 새 콘셉트를 고안해냈다.

고든 머리는 혁신적인 디자인을 위한 '기본 원리'의 중요성을 강조한다. 포뮬러원 경주에서 그는 다른 팀들이 기본 원리에서 시작하지 않고 기존의 성공적인 사례를 모방하기에 급급한 모습을 보면서 종종 의아하게 생각했다. 기본 원리에서 시작하고 매우 체계적으로 일하는 방식이 몸에 배어 있지만 머리의 디자인 과정은 디자인 결과에서 보이는 것보다 훨씬 덜 체계적이다. 자신의 팀을 조직적으로 운영하고 복잡한 자동차 경주 조직을 운영할 능력이 되지만 그의 개인적 방식은 메모를 적어 놓은 섬네일 스케치thumbnail sketches를 근거로 한다. "나는 앉아서 이렇게 말하지는 않습니다. '그래, 이 아이디어. 이렇게 해결할 수 있고, 다른 방법도 있는데 이렇게 하면 이렇고 저렇게 하면 또 어떨까?' 나는 메모를 자주 하는 편이에요. 잊어버리기 전에 적어놓는 거죠."

케네스 그랜지의 혁신적인 디자인은 기존의 디자인 지침서를 넘어서면서 만들어지는 경우가 많은데 기존에 정해져 있는 조건을 그대로 따르는 것에 대해 그는 회의적인 편이다. 그는 이렇게 말한다. "디자이너가 할 일은 기대 이상의 무언가를 만드는 것입니다. 지침서 내용대로 순서에 맞게 일한다면 그런 것을 만들 수 없죠. 약간의 영감과 샛길과 예상 밖의 비유를 가지고 일하면 결국 이거다 싶은 게 나옵니다. 디자인 지침서 자체만으로는 절대 기대 이상의 성공작이 나오지 않아요. 성공은 주어진 조건에서 틈새를 발견하고 숨어 있는 알짜배기 요소를 발견하는 데 달려 있습니다."

케네스 그랜지는 사물을 바라보는 지각이 뛰어난 것처럼 보인다. 이런 능력은 그가 얻으려고 노력해야 할 것도 아니고 아이디어가 떠오를 때까지 걱정해야 할 것도 아니다. 디자인 과정에서 생기는 것도 아니고 문제를 파악하는 과정에서 생기는 것도 아니다. 그랜지도 이런 해석에 동의한다. "어느 정도 지적인 탐색 작업이 필요합니다. 아이디어가 떠오르면 갑자기 너무 당연하게 받아들여지는 경우가 참 많죠. 때로는 문제를 다르게 해석해야 할 때도 있고요." 그는 디자인 문제를 새로운 시각에서 재해석해 새로운 콘셉트를 고안해내고 나머지는 거기에 맞춘다. "이런 지각적인 통찰력은 방향을 설정하는 데 도움을 주는데, 이것은 생각을 어떻게 하느냐에 달려 있습니다."

다른 뛰어난 디자이너들

이 두 사례 연구는 성공적이고 혁신적인 다른 여러 디자이너들에 대한 연구와 관찰에서도 드러난 여러 측면을 보여주며 더 나아가 다른 디자인 분야에까지 적용된다.

1장에서 나는 브라이언 로슨이 매우 성공적이고 창조적인 건축가들과 인터뷰한 내용을 언급했다. 그는 자신이 연구한 건축가들의 작업 방식이 유사하다는 점에 주목했는데 공업기술 디자이너 고든 머리와 제품 디자이너 케네스 그랜지의 경우도 작업 방식이 비슷하다. 그중 하나가 긴장감을 유지하면서도 간간이 일상 업무 환경에서 벗어나 생각하는 시간을 갖는 것이었다. 로슨이 인터뷰한 건축가들은 목적 의식이 투철했고 소수정예 팀을 운영했다. 또한 문제에 정확하게 초점을 맞췄으며 '기본 원리'를 중시했다. 뛰어난 공업기술자이자 건축가인 산티아고 칼라트라바는 로슨에게 이렇게 말했다. "공업기술자들이 하는 일은 특정 문제에 대한 해결책을 찾는 거예요. 그래서 공업기술자들은 명확한 문제가 필요합니다."

고든 머리에 관한 연구에서도 드러났고 로슨의 연구에서도 두드러졌던 점은 바로 건축가들도 드로잉을 디자인 도구로 사용한다는 점이다. 로슨은 이렇게 설명했다. "드로잉을 겹치거나 혼합하는 경우가 많았습니다. 평면도나 단면도에는 스케치와 좀 더 도식적인 표시들이 그려져 있는데 이 모든 게 종이 한 장에 들어 있어서 복잡하고 뒤죽박죽한 모양입니다." 이것은 머리의 '놀라운 음모'처럼 들린다. 건축가들도 머리의 표현처럼 드로잉을 '생각을 밖으로 표출'하거나 '스스로에게 말하는' 수단으로 사용한다. 건축가 리처드 매코맥이 "드로잉으로 아이디어를 발견하기도 하고 평가하기도 한다."라고 말한 것은 머리와 아주 비슷하다. 드로잉으로 머릿속 생각을 밖으로 드러낼 뿐만 아니라 드로잉을 하면서 생각하고 한 겹 한 겹 거치면서 드로잉에 드러나는 대로 디자인하는 접근 방식이 매우 유사하다는 공통점이 있다.

린다 캔디Linda Candy와 어니스트 에드먼즈Ernest Edmonds가 진행한 또 다른 혁신적인 디자이너에 관한 연구는 고든 머리 연구처럼 자동차 경주에서 우승한 자동차 디자인에 관한 내용이라 더욱 연관성이 크다. 캔디와 에드먼즈는 경주용 자전거 디자이너 마이크 버로스Mike Burrows의 디자인 과정을 연구했다. 마이크 버로스가 1985년 선보인 획기적인 탄소 섬유 소재의 일체형 '모노코크Monocoque' 디자인은 처음에는 사이클 기관에서 불법으로 금지되었지만 이후 로터스스포츠LotusSport 올림픽 자전거의 기반이 되었고, 이 자전거로 크리스 보드먼Chris Boardman은 1992년 올림픽에서 세계 신기록으로 4,000미터 개인 경주에서 금메달을 땄다. 흥미롭게도 규정대로 디자인하지 않았던 마이크 버로스의 디자인 접근 방식은 고든 머리의 방식과 비슷하다.

고든 머리처럼 마이크 버로스도 스포츠 팬이고 실제로 사이클 선수로 출전한 경력도 있다. 머리와 버로스 모두 일에 대한 의욕과 열정이 넘치고 자신들의 분야에 대한 전문 지식이 풍부하다. 끊임없이 진행 과정과 현 상황을 주시하면서 사명감을 가지고 다양한 분야를 넘나들며 통찰력을 얻기도 하고 다양한 기술을 적용하기도 한다. 단 작업 방식에서 두드러지는 차이는 마이크 버로스의 경우 디자인할 때 스케치를 덜 사용한다는 점이다. 버로스는 스케치를 하다가 곧바로 모형과 실제 모형을 만드는 단계로 넘어간다. 이건 오히려 케네스 그랜지가 모형을 만드는 것과 더 비슷하다. 그럼에도 버로스의 성공적인 모노코크 디자인은 고든 머리가 기본 원리를 중시하고 주요 목적에 충실한 것과 유사하다. 마이크 버로스는 공기 역학 장애 요소를 최소화하는 데 초점을 맞추어 기존의 자전거들과 전혀 다른 콘셉트의 자전거를 만들었다.

마이클 매코비Michael Maccoby는 동료 공업기술자들이 추천한 여덟 명의 매우 혁신적인 공업기술자를 인터뷰했다. 매코비는 이 공업기술자들이 어린 시절이나 청소년 시절부터 이미 자신들의 분야에 관심을 가졌다는 점을 발견했다. 그리고 이 혁신가들은 실패로 좌절하지 않고 실패에서 배운다. 이들에게는 '혁신하려는 용기'가 있다. 이 혁신가들은 생각해오던 문제의 해결책을 갑자기 깨닫는 경우도 있다. 고든 머리가 목욕을 하다가 아이디어를 떠올리고, 공업기술자이자 발명가인 제이컵 레비노Jacob Rabinow가 "면도나 운전을 하다가 또는 다른 일을 하다가 갑자기 해결책이 떠오른다."라고 말한 것이 그 예다. 모든 혁신가가 이렇게 갑자기 아이디어가 생각나는 것은 아니고 지속적으로 열심히 일하는 가운데 떠오른다고 말한 사람들도 있다. 그래도 갑자기 아이디어가 나타나는 경우(준비된 마음가짐일 때)를 창조적인 디자인 사고에서 자주 볼 수 있는 것만은 틀림없다.

로빈 로이Robin Roy는 영국의 혁신적인 산업 디자이너 제임스 다이슨James Dyson을 인터뷰했는데, 그는 목욕을 하다가 아이디어가 나온 적은 한 번도 없고, 작업장에서 용접이나 망치질을 하는 것 같은 무엇인가 실질적인 일을 할 때 아이디어가 나온다고 말했다. 이런 실질적인 작업은 마음에 여유를 주는 효과가 있을 수도 있다. 제임스 다이슨의 가장 유명한 혁신적 디자인 두 가지는 '볼버로Ballbarrow' 외바퀴 손수레와 '사이클론Cyclone' 진공청소기인데 둘 다 실제 경험과 다른 분야의 과학 기술을 도입해서 나온 결과다(고든 머리가 의학계의 필터 기술을 차용한 것과 같다). '볼버로'는 수륙양용 차량에 달린 벌룬 타이어(험난한 노면을 달리는 데 이용되는 폭이 넓은 저압 타이어-옮긴이)를 사용해본 경험을 살린 것이고, '사이클론'은 '볼버로'를 생산할 때 공장에서 공기 중의 미세 가루를 제거하기 위해 설치했던 공업용 사이클론(기체 속 고체 입자 분리에 사용되는 장비-옮긴이)에서 아이디어를 얻은 것이다.

공통점

창조적인 디자이너와 혁신가에 관한 여러 연구에서 혁신적인 디자인의 성공적인 접근 방식에 대한 두드러진 공통점이 있는 것으로 보인다. 혁신적인 디자이너들은 자신들의 분야에 매우 열정적이며 이런 열정은 어린 시절부터 유지되어왔다. 이들은 위험을 무릅쓰는 용기가 있으며 실패를 두려워하지 않는다. 혁신적인 디자이너는 (가끔) 실패할 수 있다는 것을 알고 있고 실패를 두려워하지 않으면서도 실패하지 않으려고 부단히 노력한다.

이 외에도 성공적인 디자이너들에게서 관찰된 특징들은 다른 사람들도 어느 정도 시도해볼 만하다. 성공적인 디자이너들은 문제를 파악하고 정의할 때 문제를 항상 '주어진 그대로' 파악하고 해석하지는 않는다. 일단 명확한 목적을 가지고 목표를 높게 잡는데, 그 목표는 매우 단순하기까지 하다. 아마 이런 단순 명료함 때문에 다른 사람들에게는 불가능한 목표로 인식될 수도 있다. 정해진 목표 안에서 문제를 전체적으로 바라보는 관점이 있다. 이 목표를 달성하기 위한 명확한 콘셉트를 고안해내고 문제를 너무 골똘히 생각하지 않고 잠시 머리를 식히는 사이 갑자기 뭔가 아이디어를 얻어 해결책이 술술 나오기도 한다. 이후 집중적인 작업을 통해 해결책을 평가하면서 세부 사항을 정한다.

창의력은 여전히 1퍼센트의 영감과 99퍼센트의 노력에 따른다. 명확하게 만들어지는 콘셉트는 주어진 문제에서 그냥 나오는 게 아니라 디자이너가 고안해내는 것이다. 다시 말해 데이터에 나타나는 기존의 유형을 인식하는 것이 아니라 문제를 다르게 해석하는 유형을 만들고 해결을 위한 방향을 제시하는 것이다.

이런 접근 방식은 특정한 작업 방식과 만나면 시너지 효과를 내는 듯하다. 혁신적인 디자이너들의 성격에서 이런 측면이 드러난다. 예를 들어 디자이너들이 의욕적이라는 것은 그들이 자신들의 분야에 관심과 애정이 있고 필요할 때는 주어진 문제와 해결책을 위해 집중적으로 일할 자세가 되어 있다는 의미다. 이들은 집중적으로 일하다 간간이 여유를 가지면서 생각하는 시간도 갖는다. 이런 스타일은 개인의 성격 때문이라기보다는 집중과 여유가 반복되는 창조적인 업무에서 필수적인 측면일 수 있다. 또한 혁신적인 디자이너는 자신과 같은 열정과 헌신을 가진 소수 인원의 팀과 함께 일하는 것을 좋아하고 필요로 한다.

혁신적인 디자이너가 일하는 방식은 대부분 체계적이지 않다. 창조적인 사고를 체계적으로 한다는 증거는 아예 없거나 매우 드물다. 디자이너들은 자신들의 작업 방식을 스스로 검토하기에는 현재 당면한 디자인 과제에 너무 깊이 빠져 있는 경우가 많다. 이들의 디자인 접근 방식이 전략적이긴 하지만 특별한 작전이 있는 것은 아니다. 이들의 전략에서 중요한 특징은 동시에 여러 디자인 활동을 해 수평적으로 일한다는 점이다.

이런 수평적 디자인 사고를 유지하는 방법 중에 가장 잘 알려진 게 바로 드로잉이다. 종이와 연필 같은 평범한 도구로 그림을 그리면서 융통성 있게 여러 일을 동시에 생각할 수 있다. 동시에 다양한 각도와 차원에서 문제를 생각할 수 있고 이전에 생각했던 아이디어를 메모했다가 현재 상황에 재빨리 적용할 수도 있으며 동료들과 서로 자연스럽게 아이디어를 교환할 수도 있다. 부분적인 해결책을 드로잉 하거나 남에게 설명하면서 디자이너는 자신의 생각을 정리할 수 있고 상호작용하는 '반응'을 얻을 수도 있다. 혁신적인 디자이너들은 드로잉뿐 아니라 모형이나 실물 모형을 직접 만들어보기도 하고 이를 통해 제작에 실제로 참여하여 작업하는 경우도 많다.

모든 연구에서 공통적으로 나타나는 디자인 사고의 핵심적인 전략 세 가지가 있다. (1)문제의 제한된 조건에만 안주하지 않고 문제에 대한 '체계적인 접근'을 시도한다. (2)독특하면서도 때로는 개인적인 방식으로 문제를 '정의'한다. (3)'기본 원리'에 따라 디자인한다.

첫째, 혁신적인 디자이너들은 '체계적인 접근' 방식을 택한다. 매코비는 이렇게 주장했다. "혁신가들의 태도는 체계적이어서 결과를 얻기 위해 각 요소를 어떻게 연결시켜야 하는지 생각하고 새로운 형태를 만들어 세상을 바꾸기도 합니다." 이것은 고든 머리나 케네스 그랜지의 방식과 비슷하게 들린다. 매코비의 주장은 머리의 방식을 설명하는 것 같다. "자동차를 움직이게 하는 모든 부분을 전체적으로 생각할 수도 있다. 이와 달리 대부분의 공업기술자들은 체계적인 관점에서 생각하지 않는다. 공업기술자들은 클러치같이 좋은 부분 장치를 고안해내는 데 더 열중한다." 이건 고든 머리가 일반적으로 부분에 치중하는 공학기술 디자인과 자신의 디자인 접근 방식의 차이점을 설명하는 것처럼 들린다. 주어진 문제를 사용자 입장에서 재검토하고 사용자의 용도를 고려하는 케네스 그랜지의 방식과도 비슷하게 들린다. 이런 '체계적인 접근'은 재봉질과 재봉틀 유지 관리를 좀 더 편하게 하도록 프리스터&로스먼 재봉틀을 디자인한 케네스 그랜지의 방법에서도 분명히 드러난다. 고든 머리가 만들어낸 피트 스톱도 체계적인 접근 방식으로 탄생했다. 자동차 디자인 자체에만 집중한 게 아니라 자동차 경주에서 우승하기 위해 전체적인 것을 고려한 것이다.

둘째, 디자이너들은 특정한 관점에서 문제를 탐구하는 것으로 보인다. 이는 디자인 콘셉트가 떠오르기를 자극하고 미리 구조화하는 방식으로, 문제를 고안하거나 틀을 잡기 위해서이다. 어떤 경우에는 이것이 디자이너의 개인적인 관점이기도 하다. 예를 들어 케네스 그랜지는 디자인에서 '모순적'인 것을 매우 싫어한다. 그는 사용자와 사용 패턴을 고려하지 않은 제품을 좋아하지 않는다. 그는 제품을 즐겁게 사용할 수 있어야 한다고 말했다. 재봉틀 디자인에 비대칭 형태와 둥근 가장자리를 도입해 재봉틀의 모양을 바꿔놓았다. 하이드로뉴메틱 서스펜션 시스템을 디자인한 고든 머리는 FISA 규정을 지키면서도 그의 목표인 가장 빠른 자동차를 만들기 위해 '어떻게 지면 효과를 다시 발휘하게 할 것인가?'에 초점을 맞추었다. 이렇게 문제를 파악해서 고든 머리는 하이드로뉴메틱 서스펜션 시스템 콘셉트를 고안해냈다. 따라서 이 디자이너들이 문제를 파악하는 과정은 특정한 디자인 조건에서 시작되지만 제품 사용자에게 만족감을 주겠다는 이타심이든 정해진 규정에서도 가장 빠른 차를 만들겠다는 경쟁심이든, 개인적인 의욕과 동기 부여의 영향을 강하게 받는다.

셋째, 디자이너들은 콘셉트 고안과 콘셉트의 상세한 전개 과정에서 '기본 원리'에 충실한다. 고든 머리는 혁신적인 디자인에서 '근본적이고 실질적인 원리'의 필요성을 강조했고 지면 효과를 되찾기 위해 자동차의 속도에 영향을 미치는 물리적 힘에 초점을 맞췄다. 또한 시티 카 디자인에서 고든 머리가 처음부터 서스펜션과 자동차의 제조 공정 같은 근본 원리를 생각했음을 알 수 있다. 케네스 그랜지의 경우에는 이처럼 명백하게 드러나지 않지만 그가 '기능에 따른 형태'를 디자인하는 현대 디자인 원리를 지킨다는 것은 분명하다. 그랜지는 디자인 문제를 대할 때 기능과 사용법을 이용해 방향을 잡으면서 문제에 접근한다. 이런 접근 방식은 기능과 용도에 충실한 '기본 원리'를 기반으로 한 그의 제품 디자인에서도 분명하게 드러난다. 이것은 공기 역학 분석을 근거로 한 그의 HST 디자인에서도 볼 수 있다. 커다란 HST와 작은 재봉틀 디자인에서 그랜지는 기존 공학기술 '조건'의 틀에서 벗어나 새로운 관점에서 문제를 해결하고자 했다.

마지막으로 문제를 해결하려는 디자이너의 강한 목표 의식과 수용할 만한 해결책을 위해 의뢰인이 제시하는 조건 사이에 갈등이 있을 때 특히 혁신적인 디자인이 나오는 것으로 보인다. 창의성은 뭔가 해결해야 할 갈등이 있을 때 발휘되는 경우가 많고 성공적인 디자이너들은 이 점을 알고 자극을 주는 갈등을 찾는 것일 수도 있다. 이런 갈등 상황은 고든 머리가 포퓰러원을 디자인할 때 특히 두드러졌는데 필요에 따라 기술 규정을 어느 정도 어긴 부분도 있다. 케네스 그랜지의 경우 의뢰인은 단순히 제품의 스타일만 바꿔주기를 원했지만 그의 목표는 제품을 더 잘 사용할 수 있도록 하는 것이었다. 그랜지는 이렇게 말했다. "대부분의 의뢰인은 자사 제품에 대한 인식을 바꾸려는 아주 기본적인 상업적 동기가 있죠. 제품의 용도나 기능적인 측면에서 접근하는 의뢰인은 거의 없어요." 물론 의뢰인이 제시하는 조건도 충족시켜야 한다.

이런 디자인 사고들의 유사성은 그림 4.1에서 보는 바와 같다. 맨 위에서는 디자이너가 달성하고자 하는 최고 목표와 의뢰인이 제시하는 기본 조건 사이에 갈등 또는 갈등 가능성이 있다. 중간에서는 디자이너가 자신만의 방법으로 문제를 파악해 문제와 제시된 조건을 모두 충족시킬 수 있는 콘셉트를 전개한다. 맨 아래에서는 물리학의 기본 원리를 파악하고 적용하기 위해 디자이너는 문제의 틀, 공학기

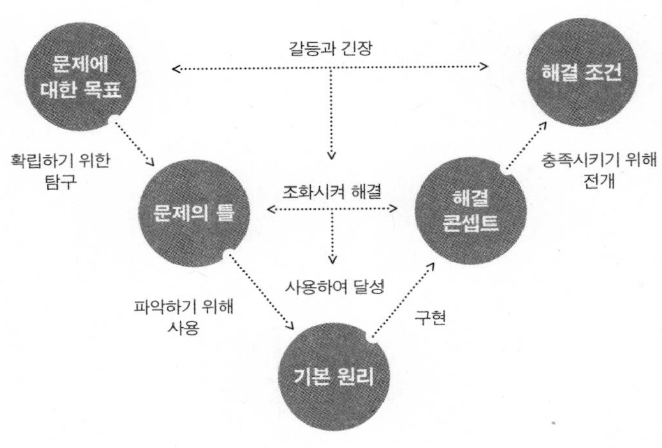

4.1 창조적인 디자이너의 디자인 전략 모델.

술, 그리고 문제의 틀과 해결 콘셉트 사이에서 다리 역할을 할 디자인을 적용한다.

맨 아래에서는 특정 분야 또는 일반적인 과학 지식과 같은 기본 원리 지식이 잘 확립되어 있는 것이 분명하게 드러난다. 중간에서는 디자이너가 전략적 지식을 어디에 적용하는지, 묵시적인 개인 특유의 지식이 어디서 좀 더 가변적인지, 어떤 문제와 환경에 존재하는지 알 수 있다. 맨 위에서는 비교적 안정적이지만 디자이너가 겉으로 드러내지 않은 목표, 문제에 대한 임시 목표, 의뢰인이나 다른 권한이 있는 주체가 정한 고정된 해결 조건이 섞여 있다.

5 사용하기 위한 디자인

1장에서는 실무에서의 디자인 사고를 연구하는 한 방식으로 '프로토콜 연구' 방식을 소개했다. 이 실험 방식은 디자이너들이 디자인 업무를 수행할 때 '생각하는 것을 말하도록' 하는 방법이다. 나중에 분석하기 위해 디자이너들의 말과 행동을 기록했고 기록한 것들은 짤막한 '프로토콜'들로 구분했다. 다음 두 가지 사례 연구는 이런 실험 유형에서 나왔던 것이다.

세 번째 사례 연구는 매우 뛰어난 미국의 전문 공학기술자 빅터 셰인먼Victor Scheinman에 대한 연구로, 그는 이 프로토콜 연구의 연구 대상이 되는 것에 동의했다. 빅터 셰인먼은 기계와 전기기계, 로봇 시스템 및 장치 분야에서 수년 동안 경험을 쌓은 공학기술 디자이너이다. 셰인먼은 현대적인 로봇 장치를 최초로 디자인한 디자이너 중 한 명이며 미국기계공학자협회American Society of Mechanical Engineers에서 여러 차례 수상한 바 있다. 그는 자신의 분야에서 뛰어난 업적을 쌓았다. 디자인 경력은 오래되었지만 실험 환경 안에서 디자인 업무를 수행하는 것은 그에게 매우 생소했다. 셰인먼에게 주어진 업무는 산악자전거에 배낭을 고정시킬 수 있는 장치를 디자인하는 것이었다.

이 사례 연구를 통해 빅터 셰인먼의 디자인 과정의 일부를 자세하게 기록할 수 있었다. 이를 통해 셰인먼이 제품의 효용성에 매우 큰 비중을 두고 있음을 알 수 있었다. 실험 환경이라는 인위적인 조건에서 연구가 이루어졌지만 전문 디자이너들에 대한 이전 두 사례 연구와 어느 정도 비슷한 부분이 관찰된 것이 흥미롭다.

실험

프로토콜 분석은 디자이너들이 자신의 행동을 말로 설명한 것을 근거로 한다. 사람이 어떤 생각을 하는지 알기 위해 사용할 수 있는 가장 직접적인 방법 중 하나가 무슨 생각을 하는지 그 사람에게 물어보는 것이다. 물론 이 방법은 어렵다. 자신이 무슨 생각을 하는지 잘 모르는 경우도 있고 말로 설명하는 것에 서툰 사람도 있다. 게다가 말로 설명하는 것에 대한 부작용으로 디자이너의 행동이나 인지적 성과에 차이가 나타날 수도 있다. 또는 디자이너가 의도하지 않았지만 연구와 무관한 이야기를 늘어놓을 때도 있고 업무를 위해 고용된 사람들에 대한 개인적인 생각을 털어놓을 수도 있다. 이런 단점은 인지 활동, 스케치, 생각의 외면화를 근본적 특징으로 하는 디자인 사고 연구에서 프로토콜 분석의 타당성에 특히 부담으로 작용한다.

그럼에도 사람들은 자신이 무슨 생각을 하는지, 최근에

무슨 생각을 했는지 말로 설명하는 것이 비교적 진실하다고 생각하는 편이다. 과거를 회상하며 설명하는 것(예를 들어 최근에 무슨 생각을 했는지 떠올리면서 설명하는 것)은 인지 활동을 파악하는 한 가지 수단으로 연구에서뿐 아니라 "그것을 할 때 당신은 무슨 생각을 했습니까?"와 같이 일상적인 대화에서도 자주 사용된다. 지금 생각을 말하는 것은 연구 대상이 정말로 생각을 밖으로 드러내고 있다고(또는 연구 대상의 인지 활동을 조금이나마 파악할 수 있다고) 연구자들이 믿을 수 있게 희망을 준다. 디자인 활동 분석을 위한 모든 유형의 경험, 관찰 연구에서 프로토콜 분석은 가장 많은 관심을 받고 가장 널리 활용된다.

이 연구에서 빅터 셰인먼은 디자인 사고에 관한 연구 프로젝트에 초청받았다. 셰인먼은 2시간의 짧은 디자인 작업을 해야 했는데 자신에게 친숙한 공학기술 디자인 분야의 업무였다. 실험은 테이블, 의자, 드로잉 판, 펜, 연필, 화이트보드가 있는 디자인실에서 진행되었고 비디오와 오디오 장비를 동원해 실험 과정을 기록했다. 디자인 과제를 위해 산악자전거와 배낭도 방 안에 준비했다. 방 안에 있는 실험자는 셰인먼이 요청하면 제공할 수 있는 관련 정보와 데이터 파일을 가지고 있었다. 실험 시작 당시 셰인먼에게 주어진 디자인 과제는 5.1에서 보는 바와 같다.

5.1 실험에 사용될 디자인 지침서.

하이어드벤처HiAdventure는 배낭을 비롯해 여러 하이킹 장비를 생산하는 직원 200명 규모의 미국 업체입니다. 지난 10년 동안 매우 성공적으로 사업을 해왔으며 최고의 외부 프레임 배낭(우리나라에서 흔히 '지게 배낭'으로 불림-옮긴이) 제작 업체 중 한 곳으로 전국적 인지도 또한 높습니다. 하이어드벤처의 베스트셀러 배낭인 중간 크기의 하이스타HiStar는 유럽에서도 판매되고 있습니다. 그러나 지난 1년 반 동안 유럽에서의 실적은 다소 부진했습니다. 그 이유는 유럽에서 내부 프레임 배낭의 시장 점유율이 점차 커졌기 때문입니다.

이에 대응하고자 하이어드벤처는 새로운 트렌드를 찾고 유럽 시장에서의 기회를 파악하고자 마케팅 업체를 고용했습니다. 마케팅 보고에 따르면 하이어드벤처는 하이스타를 위한 액세서리를 개발하기로 결정했습니다. 배낭을 고정시키는 특수 장치는 산악자전거 위에 배낭을 고정시킬 수 있도록 합니다.

이 장치는 대부분의 산악자전거에 맞아야 하고 자전거 여행에도 적합해야 하며 접을 수 있어야 하고 쉽게 포개져야 합니다. 조사에 따르면 유럽 시장에는 아직 이런 장치가 없습니다.

하이어드벤처가 특별히 이 아이디어에 관심을 두는 이유는 책임자인 크리스천슨Christiansen 씨와 자전거 회사 바타버스Batavus의 수석 제품 매니저 중 한 사람과의 오래된 개인적 친분 때문입니다. 크리스천슨 씨는 이것이 협력할 수 있는 좋은 기회가 될 것으로 생각했고 바타버스의 유럽 시장에서의 입지를 활용하면 좋을 것이라 판단했습니다. 바타버스의 제품 관리자 레멘스Lemmens 씨는 서로 묶을 수 있는 산악자전거와 배낭으로 구성된 조합 제품 출시 아이디어에 매우 큰 관심을 보였습니다. 이후 이 아이디어로 바타버스 버스터Buster(중간 크기의 산악자전거) 조합 제품을 만들어 바타버스 하이크스타HikeStar라는 이름으로 판매할 계획을 세웠습니다.

바타버스 디자인 팀은 이 특수 장치의 디자인 시안을 제작했지만 크리스천슨 씨나 레멘스 씨 모두 만족하지 못했고 사용자 테스트에서도 심각한 결점들이 발견되었습니다. 이 때문에 그들은 당신을 디자인 자문으로 고용해 다른 디자인 제안서를 만들어주길 바라고 있습니다. 내일은 크리스천슨 씨, 레멘스 씨와 회의를 할 것이고 바타버스 이사회에 아이디어를 발표하기 전에 한 번 더 회의를 할 예정입니다. 그들은 어떤 제품이 될지 가능성과 가격 등을 분명히 파악하고 싶어 합니다. 당신은 장치를 위한 콘셉트 디자인 및 제품 구성과 배치를 디자인하도록 하이어드벤처에게 의뢰받았으며 디자인할 때 다음 사항들을 반드시 고려해야 합니다.

- 사용 편리성
- 활동적이면서 매력적인 형태
- 디자인의 기술적 실현 가능성
- 합리적인 가격대 유지

당신은 콘셉트 디자인을 보여줄 수 있도록 자세한 설명이 포함된 스케치를 작성해야 합니다. 행운을 빕니다!

빅터 셰인먼의 디자인 과정에 대한 분석을 위해 그가 자신의 생각을 설명한 말들을 인용했고 말한 시각을 타임스탬프timestamp(어느 시점에 데이터가 존재했다는 사실을 증명하기 위해 특정 위치에 표시하는 것)로 기록했다.

초반에 몇 가지 예비적인 발언과 질문을 한 뒤 실질적인 실험은 '00:15'로 찍힌 시각에 시작되었다. 실험 초반에 벌써 빅터 셰인먼은 디자인 콘셉트에 반영할 문제의 특성을 파악하기 시작했다. 예를 들어 이 실험을 위해 (의도적으로 다소 허술하게) 개발된 디자인은 관련 정보를 비롯해 고객 평가 보고서까지 있는데, 그는 이 자료들을 보고 이렇게 추측했다.

> 00:22 배낭이 너무 높거나 하는 문제인 것 같고 자전거 안정성도 문제처럼 보이네요.

그는 좋은 디자인 해결책을 위해 직접적으로 요구되진 않았지만 개인적 경험을 토대로 몇 가지 아이디어를 내기도 했다.

> 00:26 배낭을 가지고 여러 산을 돌아다니면서 자전거를 타보긴 했는데 산악자전거를 탄 경험은 없어요. 그래도 상황은 비슷할 것 같은데요. 제가 일찍부터 깨달은 것은 되도록 자세를 낮춰야 한다는 거죠.

그러고 나서 빅터 셰인먼은 곧 다른 사람들에게 조언을 구했다. 실험자가 가진 정보 파일에는 자전거를 위한 캐리어와 받침대에 관한 내용들이 있었는데 블랙번Blackburn의 정보도 있었다. 셰인먼이 요청한 것이다. 하지만 그는 주로 개인적인 인맥을 활용하는 것으로 보였다. 그는 이렇게 말했다.

> 00:33 자, 이 시점에서 내가 친구에게 전화를 걸 수 있다면 이렇게 하겠어요. 오랫동안 자전거 업계에서 일하는 친구가 하나 있는데 아마 그 친구에게 전화를 해서 뭔가 물어볼 수 있겠죠. 블랙번이 이 지역에 있으니 그 회사에도 전화를 걸 것 같습니다.

셰인먼은 블랙번에 전화를 걸어 산악자전거에 배낭을 고정시키기 위해 어떤 캐리어를 쓰는 것이 좋을지 물었다.

- 짐 바구니를 앞에 놓는 것과 뒤에 놓는 것 중에서 어느 쪽이 산악자전거에 더 좋은지 알고 싶습니다.
- 무게 중심이 너무 앞쪽에 있으면 자전거의 안정성에 문제가 생기나요?
- 자전거 앞쪽에 짐을 놓을 수도 있을 것 같은데 앞쪽에 짐을 놓으면 어떻게 되나요? 안 좋은가요? 아, 가장 안 좋은 거군요. 알겠습니다.

전화로 10분 정도 통화한 뒤 셰인먼은 기존 해결책에 대한 중요한 지식과 몇 가지 옵션(앞뒤의 문제)에 대한 조언을 얻었으며 그가 이전에 가지고 있던 지식을 확인했다. 그는 자신의 개인적 경험에 따라 배낭을 뒷바퀴 쪽에 고정시키는 것이 좋겠다고 최종적으로 결론지었다.

> 00:51 처음부터 뒤에 놔야겠다고 생각했죠. 뒤에 놓는 것이 훨씬 좋으리라는 것을 단번에 알 수 있었는데 산악자전거가 길에서 부딪히기라도 하면 앞바퀴를 제대로 조정하기 힘들거든요.

> 00:52 내리막길에서는 앞쪽보다 뒤쪽에 무게 중심을 두는 게 더 좋고요.

빅터 셰인먼 자신이 배낭을 가지고 자전거를 탄 경험이 있었기 때문에 실제로 경험한 사람만이 알 수 있는 문제를 그 스스로 파악할 수 있었다.

> 00:55 어린 시절 하와이에서 자전거를 타고 돌아다닐 때 배낭을 자전거 위에 고정시켰는데 배낭을 앞쪽에 매달면 흔들거려서 골칫거리였던 기억이 납니다.

따라서 셰인먼은 자전거 타는 사람, 자전거, 배낭 그리고 자전거에 무거운 배낭을 놓고 가파른 지형을 달릴 때 발생하는 자전거 조종 문제의 상호 관계를 아우르는 전체적인 관점에서 문제를 파악했다. 부드러운 표면이든 평평한 지형이든 배낭은 되도록 더 낮고 더 뒤쪽에 놓는 것이 좋다. 셰인먼이 이 디자인 문제를 바라보는 관점은 움직임이 없는 상태, 배낭을 자전거에 고정시키고 자전거를 타는 사람의 능력을 전혀 고려하지 않은 상태에서 자전거와 배낭을 바라보는 관점과 매우 달랐다. 셰인먼은 동적인 상태를 잘 이해했기 때문에 디자인 문제를 폭넓게 볼 수 있었다.

자전거 타는 사람, 자전거, 배낭의 전체적인 동적 체계의 관점에서 셰인먼은 안정성을 가장 중요하게 파악했고 '안정성 유지'에 초점을 맞췄다. 무거운 배낭을 자전거 뒷바퀴 쪽에 고정시켜야 해서 배낭 때문에 흔들거렸던 경험을 바탕으로 견고한 장치를 만들어야겠다는 결론을 내렸다.

> 00:59 내 경험으로 미루어 배낭을 고정시키는 장치는 아주 단단해야 합니다.

셰인먼은 장치가 구조적으로 매우 견고해야 한다고 했다.

> 01:06 배낭을 잘 고정할 수 있도록 캐리어가 단단하고 뻣뻣해야 하는데 이것을 해결하는 것이 관건입니다.

실험 중반부쯤 되자 셰인먼은 뻣뻣하고 단단하며 뒷바퀴 쪽에 최대한 낮게 배낭을 고정시킬 수 있는 캐리어를 디자인하는 쪽으로 문제의 틀을 잡았다. 반드시 뻣뻣하게 만들어야 하기 때문에 셰인먼은 고정 장치의 콘셉트를 디자인하면서 자신의 구조공학 지식을 활용했는데 삼각형 구조가 근본적으로 안정적이라는 원리를 적용했다. 이 시점에서 셰인먼은 그림 5.2, 5.3, 5.4에서 보는 것처럼 여러 장의 드로잉을 그리면서 디자인 콘셉트를 생각했다. 그는 장치의 기본 위치와 배치의 후면을 스케치하면서(그림 5.2) 이렇게 말했다.

> 01:07 프레임이 이렇게 바깥에 있을 때 자전거 캐리어에 생기는 문제점 가운데 하나가 평행사변형이 된다는 것이죠. 안 좋은 거예요!

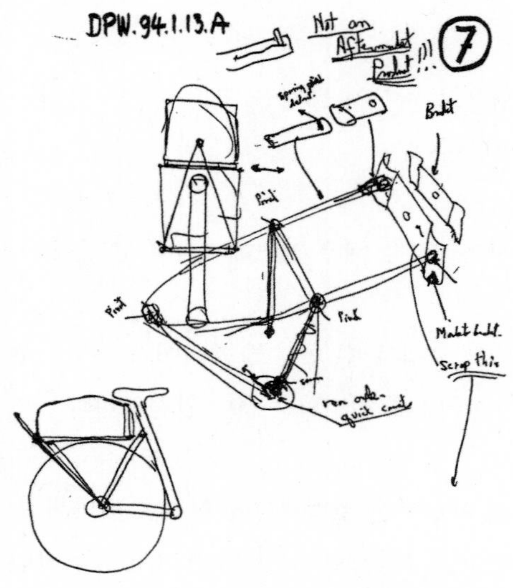

5.2 빅터 셰인먼의 초기 스케치. 삼각형을 핵심 구조 원리로 삼았다.

빅터 셰인먼은 자신의 구조 디자인 원리에 대한 지식으로 직사각형이나 평행사변형 구조는 피했다. 이는 캐리어의 기본 형태와 자전거 받침 구조의 위치를 생각할 때 자연스럽게 생각할 수 있는 형태다. 다른 디자이너들과 마찬가지로 셰인먼도 아이디어를 평가하고 발견하는 과정에서 드로잉을 활용한 것을 볼 수 있다. 그는 핵심 조건인 안정성을 강조하면서 말을 이었다.

> 01:08 내가 이런 프레임을 만든다면 이렇게 엉성하게 만들지는 않을 것 같아요. 평행사변형은 수평적 안정성이 거의 없으니까요.

그리고 그는 견고한 구조를 만들 수 있는 삼각형을 그렸다.

> 01:09 로드rod를 어느 지점까지 이렇게 올려서 삼각형을 만들면 아주 견고해지겠죠.
> 아주 좋은 생각이네요!

바로 다음에는 (이제까지 셰인먼의 생각을 지배했던) 사용자의 필요뿐 아니라 의뢰인의 필요까지 고려한 2차적인 관점에서 생각하기 시작했다. 의뢰한 회사는 자사가 기존에 출시한 배낭과 함께 판매할 수 있는 배낭 고정 장치를 필요로 하는 제조 업체다. 따라서 고정 장치는 다른 유사 제품과 차별화된 특이점이 있어야 한다. 디자인 콘셉트를 생각하면서 셰인먼은 '이 제품만이 가지는 독특함'이 있어야겠다고 생각했다. 그는 자신의 삼각형 구조 디자인을 위해 의뢰한 회사의 고유판매제안Unique Selling Proposition, USP(상품이나 서비스의 유일하고 독특한 점-옮긴이) 조건을 활용했다.

> 01:10 전혀 구부러지지 않는 견고한 삼각형 구조가 바로 이 제품만이 가지는 독특함입니다. 이 로드가 전혀 구부러지지 않고 긴장과 압축 상태를 유지하죠.

이 삼각형 원리로 셰인먼은 고정 장치의 기본 형태와 세부

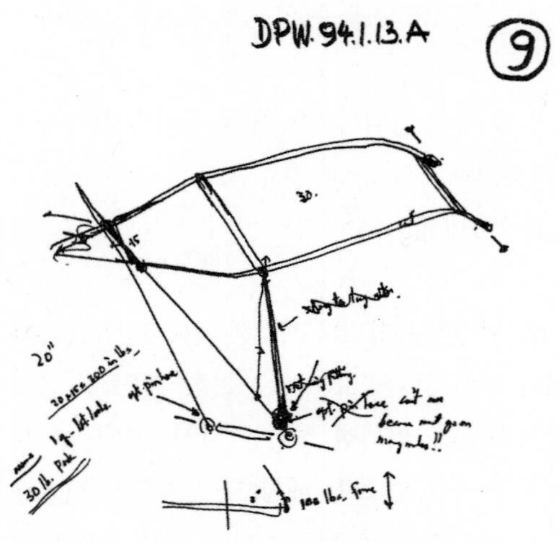

5.3 빅터 셰인먼의 이후 스케치. 전반적인 콘셉트를 전개했다.

적인 디자인 특징들을 만들어낼 수 있었다. 좀 더 자세히 드로잉하면서 그는 이렇게 말했다.

> 01:16 수평적 안정성이 보장되는
> 이런 삼각형 구조가 됩니다.

디자인을 계속 발전시키면서 셰인먼은 끊임없이 구조적 원리를 언급했는데 되도록 좋지 않은 구성은 피하고 좋은 것을 만들려고 하면서 이렇게 말했다.

> 01:42 이 세부적인 부분은 이런 모양이 될 건데요. 이 튜브의 힘이 이쪽 방향이기 때문이죠. 좋아요, 좋군요. 그리고 이 부분은…… 어디 보자…… 이건 아니군요…….
> 이러면 안 되죠. 그럼 이런 걸 써야겠어요.

이와 동시에 셰인먼은 자신의 삼각형 구조 디자인을 위해 의뢰 회사의 고유판매제안 조건을 활용했다.

> 01:41 로드가 여기서 멈추지 않고
> 어느 지점까지 오도록 하고 싶어요. 그게 관건이죠. 그것이 내 디자인의 특징입니다.

빅터 셰인먼의 설명을 통해 그가 고정 장치 뒷면의 삼각형 형태를 외관상 매력적이면서도 독특함을 제공할 수 있는 제품 요소로 여긴다는 것을 알 수 있었다. 따라서 셰인먼의 고정 장치 디자인은 사용자의 필요를 충족시키기 위한 통합 콘셉트를 바탕으로 시작해, 삼각형 형태를 기본 원리로 사용한 다음 의뢰 회사가 원하는 독특한 고유판매제안까지 해결하고자 한 것이였다.

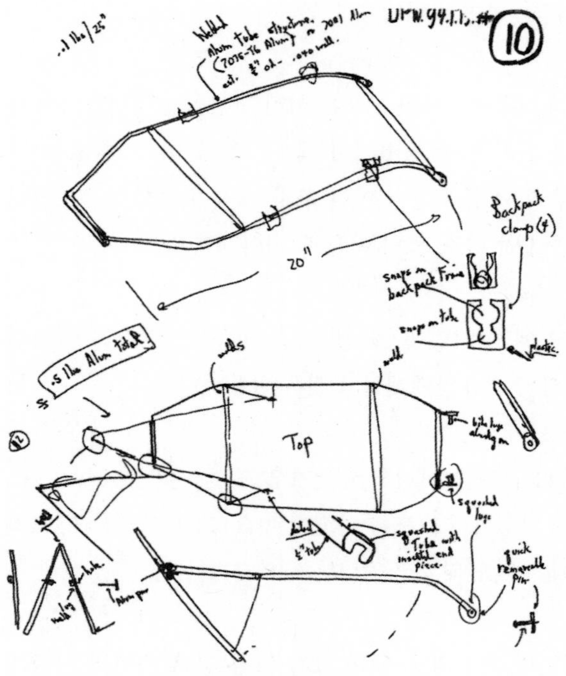

5.4 빅터 셰인먼의 최종 디자인 스케치.

생각해볼 점

'생각을 드러낸다'라는 이점을 활용해 우리는 빅터 셰인먼의 창조적인 전략이 몇 가지 보편적인 차원의 문제를 해결하는 과정이라는 것을 알 수 있었다. 즉 상황에 적합한 제품에 대한 광범위하고도 체계적인 관점을 만든 것이다. 이 관점에서 출발해 특정 관점이나 문제의 틀을 형성해 해결책을 찾는다. 콘셉트를 형성하기 위해서는 공학기술 디자인의 관련 기본 원리를 파악하고 성공적인 소비자 제품을 만들려는 의뢰인의 목표도 충족시켜야 한다는 점을 염두에 둔다. 이런 전략은 고든 머리와 케네스 그랜지의 사례에서도 공통적으로 파악할 수 있다.

첫째, 세 명의 디자이너 모두 주어진 문제에 대한 광범위하고 차원이 높은 체계적 관점을 형성했는데, 이는 기본 문제나 기존의 좁은 조건을 '초월'했다. 빅터 셰인먼에게 광범위한 관점은 제품을 사용하는 전체적인 상황으로 사용자, 자전거, 배낭의 상호 관계였다.

둘째, 세 명의 디자이너 모두 문제를 탐구하고 디자인 콘셉트에 따라 문제의 틀을 잡기 위해 특정 관점을 만들어 냈다. 빅터 셰인먼은 배낭 고정 장치를 위해 독창적인 효용성 관점을 활용했고, 케네스 그랜지가 재봉틀을 고안할 때처럼 자신의 개인적 경험을 적용했다.

셋째, 세 명의 디자이너 모두 기본 디자인 원리를 파악할 수 있도록 문제의 틀을 잡았고 이것을 통해 콘셉트를 도출하고 세부 사항들을 결정했다. 셰인먼의 경우 안정성이 관건이라는 것을 일찍부터 인식하고 캐리어가 빳빳해야 한다는 점을 파악했다. 그다음 삼각형 구조의 기본 원리를 근거로 배낭 고정 장치 디자인에서 중요한 견고함을 실현했다. 이렇게 해서 삼각형 구조의 디자인 콘셉트가 나왔고, 이것이 제품의 외관상 특징이 되어 제품의 독창성을 살리고 싶어 했던 의뢰인의 요구도 충족시킬 수 있었다. 셰인먼의 디자인 콘셉트는 사용자의 안정성 요구와 의뢰인의 독창성 요구를 모두 충족시켰다. 재봉틀 사례에서처럼 여기서도 디자이너가 문제의 틀을 형성해 기본 원리를 바탕으로 디자이너의(사용자를 대신한) 목표와 의뢰인의 좀 더 상업적인 목표를 서로 조화롭게 실현시킨 것을 볼 수 있다.

실제 상황과 실험 환경의 관찰, 경주용 자동차에서 산악자전거용 배낭 고정 장치에 이르기까지 다양한 디자인 분야에서 이렇게 비슷한 점이 발견된다는 것이 놀라울 수 있다. 하지만 이는 디자인 사고 능력의 근본적인 측면이 실제로 존재함을 보여주는 것일 수도 있다.

6 함께 만드는 디자인

이 장에 소개할 사례 연구도 이전 연구와 같은 실험을 했지만 상당히 다른 관점에서 디자인 과정을 볼 수 있다. 세 명의 디자이너가 한 팀을 이루어 빅터 셰인먼의 실험과 동일한 조건(2시간 동안 산악자전거에 배낭을 올려놓을 수 있는 고정 장치를 디자인하는 것)에서 디자인 문제를 해결하는 것이다. 단 여기서는 '생각을 말하는' 프로토콜 연구가 아니라 팀원들의 행동과 자연스러운 대화 내용을 그대로 기록해서 분석했다. 팀 작업이기 때문에 이전 연구와 비교해 디자인 과정이 매우 다르고 협동과 설득과 같은 새롭고도 유용한 측면이 드러났다. 팀 작업은 실제 디자인 실무 활동에서 상당히 중요한 부분이고 서로 다른 분야의 사람들이 협력하는 과정에서 디자인이 이루어지는 경우가 점점 늘어나면서 그 중요성이 더 커지고 있다.

따라서 팀 작업 환경에서의 디자인 사고를 잘 이해하는 것이 앞으로의 발전을 위해 중요하다. 이 팀에 포함된 디자이너 모두 국제적으로 명성 있는 제품 디자인 회사의 캘리포니아 지사에 근무한다.

팀 작업하기 대 혼자 작업하기

팀 작업은 혼자서 일하는 것과 또 다른 문제와 가능성에 직면하게 한다. 다른 팀원들과 대화를 해야 한다든지 하는 실질적인 필요가 다른 점일 것이고 그 외 다른 점들은 이 실험을 기록하고 관찰하면서 파악된다.

혼자 일하는 것과 팀 작업의 분명한 차이점은 팀 작업 환경에서는 팀원들 각자 맡은 역할이 있고 팀원들 간의 관계가 있다는 것이다. 일반적인 업무 환경에서는 이런 역할과 관계가 형성되어 있을 것이다. 예를 들어 조직 내 상급자가 팀 리더를 임명하면 리더는 주어진 역할을 수행해야 한다.

혼자 일하든 팀으로 일하든 주어진 시간 동안 해야 할 일을 계획해야 한다. 팀 환경에서보다 혼자 일할 때 더 쉬운 것 같지만 사실 팀 작업이나 혼자 일하는 상황에서나 항상 활동을 분명하게 계획하는 것 같지는 않다. 게다가 디자이너가 뭔가 디자인과 관련된 것을 발견했을 때 무계획적이고 즉흥적인 탐구 활동이 필요한 것처럼 보인다. 이 실험에 참여한 팀의 경우 활동을 분명히 계획했지만 만약 무계획적인 탐구 활동이 디자인 활동의 일반적인 특성이라면 계획된 행동과 무계획적인 행동이 팀 안에서 어떻게 일어나는지 지켜보아도 흥미로울 것이다.

우리는 주어진 디자인 문제를 해석하고 재구성하는 것이 정상이고 또 실제로 필요하다는 것을 알 수 있었다. 문제를 분석하고 이해하는 것이 디자인 과정의 중요한 부분이며 본질이다. 각 디자이너가 자기 방식대로 문제를 해석할 수 있지만 팀 전체가 문제를 같은 방식으로 같은 관점에서 이해하는 것이 필요하다.

게다가 디자인을 위한 관련 정보는 다양한 곳에서 나와야 한다. 이 디자인 실험 연구의 특징 중 하나는 실험자가 디자인 문제와 관련된 정보들을 갖고 있다가 디자이너들이 특정 정보를 원할 때마다 적절하게 제공하는 것이다. 이 과정을 통해 팀 작업 환경에서 정보를 수집하고 공유하는 활동을 분명히 파악하고 관찰할 수 있다.

주어진 디자인 업무가 어떤 제품을 위한 디자인 제안서를 작성하는 것을 목표로 하기 때문에 어떤 제품이 될지 아이디어와 콘셉트를 도출해야 한다. 혼자 일하는 것보다 팀 작업일 경우 얻을 수 있는 이득 중 하나는 아마 다양한 콘셉트를 도출할 수 있다는 점일 것이다. 이렇게 얻어진 콘셉트와 아이디어는 팀원들끼리 서로 논의하고 공유해야 한다. 팀 작업에서 어떻게 디자인 콘셉트를 제안하고 전개하는지 지켜보는 것도 흥미롭다.

팀 작업의 단점 중 하나는 팀원들 간에 생길 수 있는 의견 차이와 갈등이다. 문제를 다르게 해석하고 이해하는 일이 당연히 일어나며 팀원들마다 서로 다른 디자인 콘셉트에 찬성하는 경우도 생긴다. 따라서 디자인 팀 작업에서는 갈등을 파악하고 회피하며 해결하는 과정을 피할 수 없다. 팀 작업의 이런 측면은 팀의 디자인 활동에서 문제가 어떻게 드러나는지 보여주는 예를 통해 실험 연구에서 다룰 것이다.

우리는 이 실험에 참여한 팀원들(I:이반, J:존, K:케리)의 실무 경력을 알지 못한다. 이들이 모두 같은 디자인 회사에 근무하고 비슷한 실무 경력이 있고 회사에서 비슷한 일을 한다는 정도는 안다. 그리고 이들이 비슷한 직급이며 실험에 참가할 때 미리 정해진 역할이 없었다는 정도만 추측할 뿐이다. 하지만 팀 내에서 각자 다른 역할을 맡았다는 것을 비디오 녹화 영상을 통해 분명히 확인할 수 있었다. 이런 역할 분담은 어느 정도 정식으로 이루어졌다. 그 외 다른 역할 분담 행동은 잘 파악되거나 형식화되지 않았다. 비공식적인 역할 분담은 계속 같은 행동 패턴이 반복되거나 팀원들이 반복해서 언급하는 형태로 나타났다. 몇 가지 예를 통해 이런 역할이나 관계가 팀 안에서 어떻게 형성되고 어떤 영향을 미치는지 알 수 있었다. 예를 들어 디자인 지침서를 읽자마자 케리는 기존의 원형 디자인을 검토하자고 제안했다.

K: 자, 이제 어떻게 할까요?
기존의 원형을 좀 봐야 되겠죠?

하지만 존은 팀원 모두가 문제를 똑같이 이해했는지 확인하고 싶어 했다.

J: 음, 생각 좀 해보자고요. 이야기를 해볼 수도 있고요.

다들 이 문제를 어떻게 이해했는지 말이에요.

이런 '문제 파악' 활동(디자인 지침서에 제시된 조건을 분명하게 파악하는)이 팀의 첫 번째 공동 활동으로 채택되었다. 케리의 제안은 조용히 무시되었다. 문제를 함께 파악하는 과정에서 케리는 사용자 평가 보고서에서 정보를 수집하는 것이 좋겠다고 제안했다.

K: 지금까지 사용자들이 만족하지 못했고 사용자
테스트가 좀 있긴 한데 우리가 테스트를 직접
관찰하면서 문제가 뭔지 알아낼 수도 있지 않을까요.

여기서도 케리의 의견이 무시되었다. 잠시 후 시간 계획표를 짜면서 이반이 초기 콘셉트를 다듬는 과정에서 '정보'를 활용하자고 말했다. 이때 또다시 케리가 사용자 평가 보고서가 정보를 얻을 수 있는 유용한 출처가 될 거라고 했지만 지금 당면한 문제와 관계없는 것으로 여겨져 케리의 제안은 거듭 무시되었다.

I: 정보라고요?
K: 그래요. 사용자 테스트에서 소비자들의 반응을
알아보자는 거죠.
J: 아, 그래요. 그래도 되겠죠.
이 리스트에 포함된 거라면요.

얼마 뒤(제품의 목표 판매가에 대한 정보를 실험자에게 요청한 뒤) 케리가 사용자 평가 보고서 이야기를 다시 했는데 이때는 이미 이반도 같은 의견을 제시한 뒤였다는 점에 주목해야 한다.

K: 나도 보고서에서 정보를 얻었으면 좋겠습니다.
I: 사용자 테스트요.
K: 네, 사용자 테스트.

'문제 파악' 논의를 한 뒤 이반은 절차와 시간 계획표를 짜자고 했고 존과 이반이 일을 진행했다. 이후 이반은 테이블 위에서 여러 문서를 분류했고 존은 이반이 계획표 짜는 것을 살펴봤다.

I: 이것들을 정리해야겠어요.
J: 좋아요. 당신이 전에 계획표 이야기를 했으니
이걸 당신이 맡아서…….
I: 네, 시간을 짜야 될 것 같네요.
J: 어느 정도 우리에게 맞도록 시간을 정해보세요.

이후 이반이 계획표를 짜면서 존이 이반의 역할을 인정했고 실험 전 과정에서 이반은 계획표 작성자·시간 관리자 역할을 맡았다.

I: 5시 반에 최종 비용과 발표로 넘어가죠.
너무 시간에 쫓기지 않도록 여유 있게 진행하자고요.

K: 음, 음…….

J: 이반이 계획표 관리자예요.

I: 네……. 시간과 예산에 맞게 짜야겠어요.

여기서 보면 케리가 자신이 원하는 방식대로 팀원들과 일하는 데 어려움을 느끼는 것을 알 수 있다. 이반은 시간 관리자로서 역할을 꽤 쉽게 수용한 것으로 보인다. 존은 팀 안에서 일어나는 일들에 매우 강력한 영향력을 행사하는 듯하다. 실험 과정 내내 팀 내의 역할과 관계의 유형이 어느 정도 분명하게 드러난다. 하지만 이런 역할과 관계는 항상 고정적이고 간단한 게 아니다. 각자 맞은 역할을 하면서도 존이 아닌 다른 팀원이 리더 역할을 맡을 때도 있었다. 성격, 경험, 당면 과제에 따라 어떤 팀에서든 이렇게 다른 역할을 맡는 행동은 피할 수 없으며 팀원들이 다른 팀원의 성향에 좀 더 민감해질 수도 있을 것 같다.

계획과 수정

팀 내에서는 디자인 과정을 미리 계획하려고 했다. 팀원들은 자신들의 활동을 계획하고 계획표대로 행동하고자 했다. 이런 것은 팀 작업에서 일반적인 것처럼 보이지만 사실 모든 팀이 이 팀과 같은 상황에 처했을 때 이와 비슷하게 절차를 분명히 계획하려고 하지는 않는다.

디자인 활동 중에서도 특히 디자인 콘셉트를 도출하는 단계에서 계획되지 않은 즉흥적이고 직감적인 활동들이 나타났다. 디자이너의 행동에 대한 다른 연구에서도 디자이너들의 '기회주의적인' 행동을 분명히 볼 수 있었는데, 이런 행동은 현재의 계획된 활동에서 벗어나 아이디어를 떠올릴 때 일어났다. 디자이너가 디자인 문제를 다룰 때 좀 더 유연하게 대처하고 디자인 과정에서 생긴 기회를 활용할 수 있

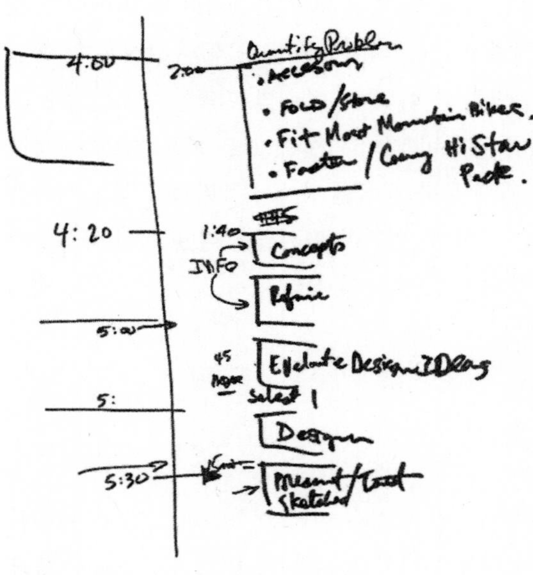

6.1 팀의 디자인 과정 계획.

도록 기회주의적인 행동을 취하는 것이 적절한 행동이라는 인식이 있었다. 하지만 이런 행동들이 서로 협력해야 하는 팀 작업 환경에서 어려운 상황을 만들어내고 한 팀원이 이런 기회주의적 일탈 행동을 해도 다른 팀원의 눈에는 그 행동이 디자인 문제와 전혀 무관한 것으로 비칠 수 있다. 여기 소개하는 분석을 보면 이 팀이 계획된 행동과 얼마나 일치되게 또는 얼마나 일탈해서 일을 진행했는지 알 수 있다.

이반은 무계획으로 디자인 활동을 하기보다는 계획을 세워야겠다고 제안하여 디자인 과정을 분명하게 계획하기 시작했다. 이반과 존은 디자인 과정을 작성했다(그림 6.1).

1 문제 파악
2 콘셉트 도출
3 콘셉트 정리
4 콘셉트 선택
5 디자인
6 발표

이런 절차는 디자인 과정에서 흔한 예인 것 같다. 이반과 존 모두 이런 디자인 과정을 적절한 것으로 여겼고 이 과정이 실제로 실험 전 과정에서 꾸준히 유지되었다. 앞서 지적한 것처럼 이반은 시간 관리자로 '자발적으로' 지원한 것 같고 중요한 시점에서 시간과 계획표에 집중했다. 예를 들어 이런 경우다.

I: 이제 슬슬 결정해야겠어요. 벌써 5시 15분이에요.

실험 막바지에 이반은 다른 팀원들에게 시간이 얼마 남지 않았음을 계속 알렸다.

I: 좋아요, 계속 가보죠. 이제 15분 안에
디자인을 끝내야 해요.

이반의 시간 관리자로서의 역할이 팀에서 중요한 것으로 보였고 디자인 과정을 계획해 각 팀원은 과정을 계속 확인하면서 진행이 원활하지 않을 때는 각자 주어진 역할에 주의를 기울였다. 하지만 일부 활동은 분명하고 두드러지게 결정되기보다는 조용하게 이루어졌다. 예를 들어 이반이 아이디어 단계로 넘어가야 한다고 말했을 때 존은 동의했지만 조건 목록이 완전한지 확인하기 위해 디자인 지침서를 소리 내어 읽기 시작했다.

I: 좋아요, 그럼 아이디어 단계로 넘어갈까요?
J: 네, 우리가 전부 살펴본 건가요?
이걸 소리 내어 한번 읽어볼게요.

두 사람은 이제 아이디어 단계로 넘어가야 한다는 것에 동의한 듯하면서도 어떻게 진행할지 분명히 하지 않았고, 존은 디자인 지침서를 읽기 시작했다. 그가 읽는 동안 다른 두 사람은 가만히 있지 못했다. 이반은 일어나서 방 안에 놓인 산악자전거 견본을 살펴봤다. 케리는 커피를 다 마신 뒤 일어나 쓰레기통에 컵을 버리고 방 안에 놓인 배낭 견본을 들고 자전거 쪽으로 다가갔다. 이반은 스탠드에서 자전거를 들어 올렸다. 케리는 자전거에 배낭을 올려놨다. 이런 행동을 하기 전에 둘은 아무런 말을 하지 않았다. 이반과 케리는 이 시점부터 바로 자전거와 배낭을 가지고 일을 시작하겠다고 서로 무언의 합의를 한 것처럼 보였다. 이반과 케리는 존을 무시했고 존은 읽는 것을 끝내고 자전거 가까이 있는 두 사람에게 다가가 바로 일에 합류했다.

존은 자전거에 앉아 자전거 프레임의 중앙 다이아몬드형 안에 배낭을 놓는 것에 대해 이야기했다. 케리는 비실용적이라고 하면서 자전거 안장 뒤에 놓을 것을 제안했다. 이에 존은 자전거 손잡이 앞에 놓을 것을 제안했다. 이반은 이런 아이디어들을 화이트보드에 적었다(그림 6.2). 이제 팀은 다른 배낭 위치를 생각해보는 단계에 접어들었지만 이 단계를 시작하자고 분명하게 합의하지는 않았다.

계획에서 일탈하는 형태 중 하나가 관심을 우연히 다른 데로 돌리는 것이다. 예를 들어 무게(배낭의 무게와 디자인할 제품의 무게)에 관해 논의하면서 케리는 기존 제품들의 정보를 요청했다. 아마 비슷한 제품의 무게를 확인하려 한 것 같다. 이런 정보가 디자인 아이디어를 제공하는 흥미로운 자료가 되면서 케리는 한 기존 제품의 구조를 지목했고 이반이 그 의미를 파악했다.

K: 이건 작은 배낭 프레임처럼 보이죠?

I: 그러네요. 크기와 형태가 비슷해 같은 제품을 사용할 방법을 생각하려 애쓰는데 꼭 그래야 하는지 모르겠어요. 목표 금액이 55달러인데 42달러 95센트라면……. 그리고 플라스틱 부분을 추가하면 어떨지…….

그러면서 이반은 자신의 자전거에 아동석을 달아본 경험을 이야기했다. 이렇게 분명하지 않고 무계획적이며 이리저리 떠도는 듯 활동이 변하는 것은 팀 작업에서 어떤 일이 벌어지는지 항상 분명하게 파악할 수 있는 것은 아니라는 사실

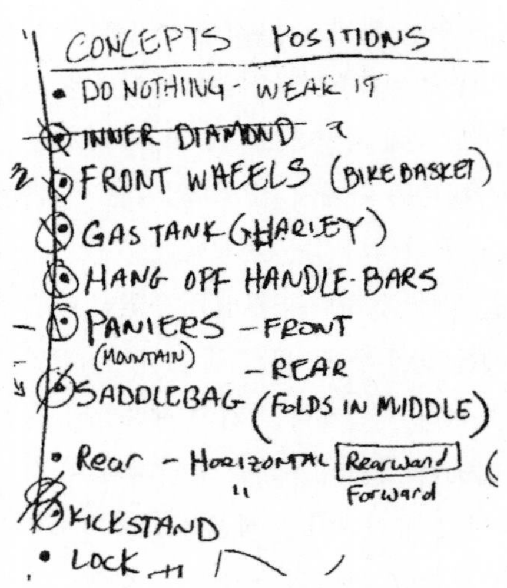

6.2 팀의 초기 '위치 콘셉트' 목록.

을 보여준다. 활동 중 일부는 정식 토론이라기보다는 자연스러운 대화처럼 되었고 이야기 주제도 왔다 갔다 했다.

정보 수집과 공유

정보가 제한된 상황에서 디자인을 실험하는 것은 정보를 모으는 활동들이 좀 더 눈에 보이게 이루어짐을 의미한다. 관련 정보를 수집해야 하고 자료에서 유용한 정보를 뽑아내 팀원들과 공유해야 한다. 디자인 과정을 정식으로 계획하려던 접근 방식과 달리 팀원들의 정보 수집 방식은 더 비공식적이었다.

팀원들은 문제와 관련된 각자의 경험이나 지식에 많이 의존했다. 예를 들어 케리는 자신의 개인적인 경험에 비추어 중앙에서 비껴 나간 곳에 배낭을 고정하는 아이디어를 제안했다.

K: 자전거를 타고 호숫가를 많이 돌아다녔는데
짐 바구니를 앞에도 달아보고 뒤에도
달아봤어요.(중략)
K: 네, 앞쪽에요. 양쪽에 달 수 있죠. 항상 두 개가
필요한 건 아니지만 하나만 있어도
그리 나쁘지 않아요.

초기에 문제를 파악하는 활동을 하면서 우리는 케리가 사용자 평가 보고서에서 정보를 수집하면 좋겠다고 제안한 것을 봤다. 정보 수집에 대한 자신의 의견을 다른 팀원에게 설득시키는 데 어려움을 겪었지만 15분 만에 케리가 요청한 목표 판매가, 사용자 평가 보고서, 이전의 원형 디자인에 대한 정보를 얻었다. 예를 들어 케리는 이반과 존이 화이트보드에 쓴 '기능 사양'(그림 6.3) 목록에 관여해 목록에서 목표 판매가가 언급되었을 때 그에 대한 정보를 요청했다.

J: 목표 비용이라……. 이게 정확히 뭔지 모르겠군요.
K: 저가를 말하는 거죠.
J: 저가이긴 한데…….
K: 어쩌면……. 잠깐, 정보가 있나요? 우리가
요청해볼까요? 적정 가격대에 대한 조건이 있어요?

시간 관리자 역할이 정해졌듯이 정보 수집자 · 공유자 역할도 정식으로 정해질 수 있겠지만 실제로는 그렇게 되지 않았다. 이반이 '자발적으로' 시간 관리자 역할을 맡았듯이 케리가 정보 수집에 집중하면서 '자발적으로' 정보 수집자 역할을 효과적으로 맡을 수도 있었을 것이다. 하지만 화이트보드에 조건과 콘셉트를 '공개적으로' 나열한 것 외에는 정보 수집과 공유가 형식화된 방식으로 이루어지지 않았다.

정보 수집 역할을 정식으로 맡은 사람이 없어서 그런지 약간의 오해나 오류가 드러났다. 예를 들어 디자인 지침서에는 '하이스타' 외부 프레임 배낭에만 적용되는 전용 고정 장치를 디자인해야 한다는 내용이 없었다. 하지만 이반과 존 모두 이것을 혼동해 케리가 바로잡아줘야 했다.

J: 아, 그걸 놓쳤군요.

I: 뭘 놓쳤어요?

J: 회사에서 내부 프레임 배낭을 만드는 건 줄 알았더니 그게 아니네요. 현재 외부 프레임 배낭을 만들고 있다고요?

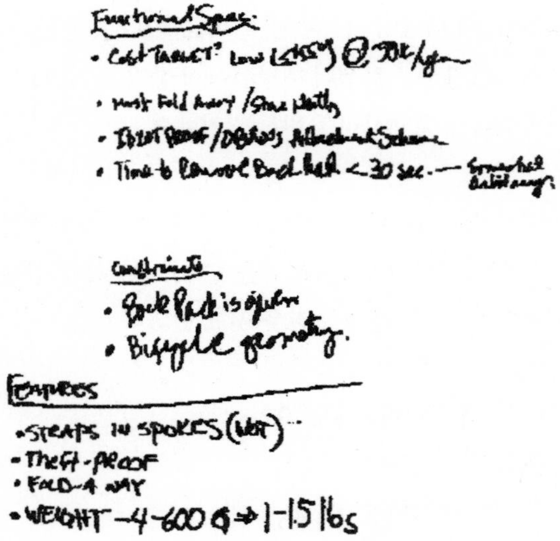

6.3 팀이 전개한 '기능 사양'.

K: 음, 외부 프레임을 만들고 있어요.

J: 외부 프레임만 고수할 거라고 하나요?

I: 외부나 내부를 고수한다는 내용은 없는 것 같은데요. 중요한 것을 잘 지적해줬어요. 이제 이 문제에서 자유로워졌네요.

J: 좋아요. 뭔가 이점이 될 만한 걸 우리가 제안할 수 있으면 좋겠죠?

I: 물론이죠.

J: 좋아요.

K: 하지만 회사에서 외부 프레임 배낭에 맞는 고정 장치를 원하는 것 같은데요.

I: 맞아요, 이 배낭에 적합한 것 말이죠. 어디 볼까요.

K: 하이스타가 베스트셀러 배낭이어서 중간 크기의 하이스타용 액세서리를 원하는 거예요.

나중에 콘셉트 디자인 세부 사항을 그림으로 정리하면서 케리와 이반은 지침서에 언급된 '접을 수 있어야 하고 쉽게 쌓을 수 있어야 합니다.'라는 조건을 잊고 있었다.

K: 아니, 이게 접혀야 한다고요?

J: 그래요, 접혀야 돼요.

K: 어디 그렇게 쓰여 있어요?

J: 우리 지침서에 그렇게 쓰여 있어요.

I: 어디요?

K: 우리 지침서요?

J: 바로 여기요.

K: (지침서를 읽는다) '접을 수 있어야 하고 쉽게 포개져야 합니다.'

팀원들이 서로 공유한 콘셉트도 잘못 이해할 수 있음이 드러났다. 예를 들어 과정 중에 이반과 존은 '루스터 테일rooster tail 문제'라는 말을 몇 번 언급했다. 케리는 과정 막바지에 자신이 다른 두 팀원과 다르게 콘셉트를 이해하고 있다는 것을 알았을 때에야 비로소 이 말에 대해 물어봤다. 케리는 그것이 배낭을 묶는 끈인지 물었는데, 사실 그것은 자전거를 타는 사람 등으로 자전거 뒷바퀴에서 물이나 먼지가 날리는 현상을 말한다.

K: 이걸 루스터 테일이라고 하는 거예요? 이렇게 작은 꼬리?

J: 아니요. 루스터 테일은 비가 올 때 자전거를 타면 물기가 휙 뿌려지는 것을 말해요.

이런 오류나 오해는 팀원들이 정보를 수집하고 공유하는 전략이 그다지 효과적이지 못함을 의미한다. 짧은 시간에 이루어진 실험이어서 팀원들이 가진 관련 지식들이 팀의 전략에 상당한 영향을 미쳤을 것이다. 하지만 공개적이고 좀 더 공식적인 지식에 의존하기보다 각자의 개인 경험에 의존한 것은 오해를 일으킬 수도 있다. 정보를 공유했더라도 잘못된 해석과 오해가 드러났고 팀 작업에서 팀원 모두가 항상 똑같이 이해하고 해석하는 건 아니라는 점을 보여준다.

콘셉트 형성과 도입

팀원들은 디자인 콘셉트를 만들고 그것을 구체적인 디자인 제안서에 적용해야 한다. 따라서 팀원들은 초기에 형성된 콘셉트를 좀 더 자세히 그리고 탄탄하게 전개해야 하며 제안된 몇 가지 콘셉트 중에서 선택해 적용해야 한다.

디자인 제안서는 약간 희미한 콘셉트로 시작되어 여러 가지 개발 과정을 거쳐야 한다. 초기 아이디어를 좀 더 탄탄하게 확립할 수 있는 여러 요소를 추가하고 다양한 방법을 통해 콘셉트를 개발해야 한다. 초기 콘셉트에 뭔가 더 추가하고 다듬는 작업을 동시에 진행하면서 팀원들이 이렇게 전개하는 예는 많다.

- 자전거 잠금 장치·자전거 받침대
  여기서는 케리가 고정 장치를 통합적인 잠금 장치 형태로도 사용할 수 있지 않겠느냐고 제안했는데, 이 의견은 이미 다른 두 팀원이 자전거를 잠그고 동시에 지탱하는 장치로 개발하는 아이디어로 진행했다.

K: 이걸 뒤집으면 자전거 잠금 장치가 될 수도 있죠.
하이킹할 동안 자전거를 잠가두면 좋잖아요. 따로
돈이 더 들 일도 없을 테고요.
I: 그렇죠.
J: 자전거 받침대 대용도 되고요.
I: 타이어 주위로 잡아당기면 자전거를 세울 수 있죠.

- 어깨·어린이·마네킹

여기서는 팀원들이 고정 장치나 받침대 장치 안에 배낭을 담을 수 있다는 아이디어에서 출발해 브레인스토밍을 시작했는데 점점 말도 안 되는 방향으로 흘렀다.

K: 이 받침대 안쪽에서 위로 놓이는 배낭이 아니라는 게
장점이죠. 뒤에 띠 같은 부분 말이에요.
I: 맞아요, 이미 그렇게 돼 있죠.
K: 그게 배낭을 감싸는 거예요. 우리가 배낭을
여기 놓을 수도 있겠지만 그럴 필요 없이
이건 아주 안정적으로 배낭을 감싸고 있죠.
J: 우리가 배낭을 메는 것처럼 이 받침대도
배낭의 어깨끈을 멜 수 있죠.
K: 물론이에요.
J: (웃음)
K: 안 될 거 없죠. 뒤에 어깨를 댈 수 있는지 한번 보죠.
J: 그래요, 여기 뒤에 아동석을 붙일 수도 있고 아이를

거기 앉히고 배낭을 메게 할 수도 있죠. (웃음)

I: 아니면 마네킹을 써도 되고요.

K: 마네킹이라……. 배낭을 멘 해리……?

결국 콘셉트 하나(플라스틱 상자 형태의 고정 장치)가 그들의 최종 제품 디자인 제안서를 위해 핵심 콘셉트로 채택되었다. 무작위로 콘셉트 목록을 작성한 뒤 팀원들은 각 목록에서 부실한 콘셉트들을 제거하고 괜찮다고 지목된 콘셉트들을 파악했다(그림 6.4). 이들은 배낭의 어깨끈 아이디어가 자전거 바퀴 쪽에 어깨끈을 대롱대롱 매달 경우 위험할 수 있다는 점을 인식했다. 받침대에 배낭을 연결하는 아이디어를 검토하면서 느슨한 모든 끈을 고정하는 해결책으로 '백' 콘셉트가 나왔고 어디선가 갑자기 '상자tray' 콘셉트가 튀어나왔다.

I: 당분간은 그냥 '백'이라고 부르죠.
끈을 처리할 만한 뭔가가 있어야 해요.

K: 끈을 싹 정리해줄 만한 뭔가가 있어야 해요.

J: 맞아요.

I: 그래요, 아니면…….

J: 백 아니면 안쪽에 작은 진공 형태의
상자 같은 게 되겠죠.

I: 그래요, 상자 맞아요.

J: 그러네요. 위치를 보면 이렇게 프레임이 있으니까 잘
붙어 있을 테고 진공 형태의 상자를 만들거나…….

I: 맞아요. 아니면 상자의 일부라도
    괜찮을 것 같고 이것도 있어요.

K: 이걸 감쌀 만한 것 말이죠.

J: 그래요.

I: 아니면 그냥 그거 자체도 되고요.

J: 상자에 플라스틱 스냅 기능이 있어서 배낭을 아래로
    탁 탁 탁 탁 내려가게 할 수도 있죠.

I: 음……. 나는 이런 생각을 했는데…….

K: 이 레일을 따라서 내려가게 할 수 있겠네요.

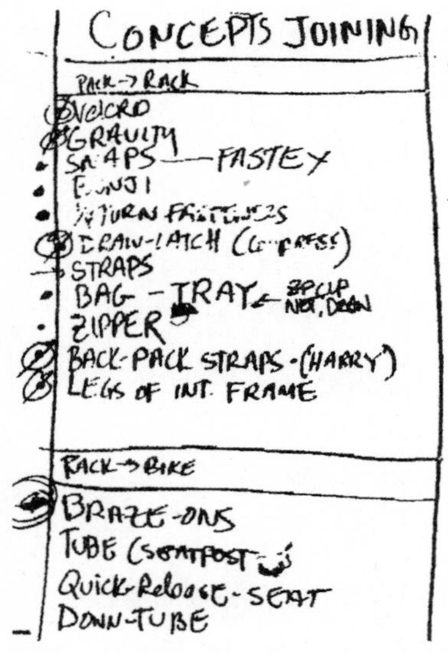

6.4 팀의 최종 콘셉트 연결 목록.

J: 다기능이 가능한 부분이에요.

K: 이 레일을 따라 내려가게 하면 돼요.

J: 그래요, 상자 쪽으로 레일이 가게 하면 되겠네요.

K: 음…….

I: 좋아요.

J: 이렇게 하면 루스터 테일 문제도 해결되겠군요.

I: 그건 아니에요. 백이 크거나 사람이 그 위에
앉거나 상자가 플라스틱이 아닌 커다란 그물이면
잡아당기거나 지퍼를 채워야 할지도 몰라요.

J: 부분적으로 가능할 수도 있죠. 상자가 그물로 되어
있고 위에 끈으로 졸라매게 되어 있다면요.
그거 괜찮네요.

I: 그래요.

J: 그 아이디어 좋은데요.

I: 밑에 그물이 달리게 한 상자인데
돌려 당겨서 지퍼로 채울 수 있는 거죠.

K: 창문에 블라인드를 치는 것과 같은 거죠. 뒤로
들어가기도 해서.

J: 맞아요.

I: 안에 집어넣을 수도 있는 거죠.

K: 잡아당기면 들어가는 거예요.

J: 블라인드가 줄을 잡아당기면 걷히는 것처럼요.

K: 붙어 있는 게 없다면 자전거 살에 끌려 들어가진
않겠군요.

J: 그럼 지금 우리는 해결책들을 구분하고 있는 거예요. 지금까지 이야기한 것들이 다 이것 아니면 저것 이런 식이잖아요. 상자에 그물, 블라인드, 스냅 기능을 다 쓰진 않을 거잖아요. 이것들 중 하나를 아마도…….

I: 그래요.

우리는 2분 동안 최종 제품 디자인 핵심 콘셉트인 상자 아이디어가 제안되고 수용되어 수정을 거쳐 개발되고 확립되는 과정을 살펴봤다. 배낭을 안정적으로 고정하는 것과 함께 제안된 이 콘셉트는 두 가지 문제(끈이 달랑거리는 문제와 배낭을 보호하지 않으면 배낭을 더럽게 만들 '루스터 테일' 문제)도 해결했다.

상자 아이디어가 가진 강점은 이 콘셉트를 통해 특정한 핵심 문제를 해결할 수 있을 뿐만 아니라 이 콘셉트를 수정하고 다듬으면 다른 문제까지도 확실하게 해결할 가능성이 있다는 점이다. 흥미롭게도 존이 실험 개시 1시간 20분 만에 이 콘셉트를 제시했을 때 처음으로 '상자'라는 단어를 사용했고, 그때부터 '상자'라는 단어가 반복적으로 사용되면서 디자인 제안서의 콘셉트가 되었다. '상자'라는 단어는 40분 동안 35회나 사용되어, 제품 디자인(그림 6.5)을 정의하는 데 중요한 역할을 하고 있음이 드러났다.

콘셉트를 함께 전개, 개발하는 과정에서 각 팀원은 다른 팀원들에게 자신이 좋다고 생각하는 아이디어(주로 자신이 낸 아이디어)를 설득하는 것이 필요하다고 느꼈을 수도 있다.

디자이너들이 자신이 좋아하는 특정 콘셉트에 애착을 느낄 정도로 집착하는 것은 흔한 일이다. 다른 팀원을 설득해 자신이 좋아하는 콘셉트를 수용하려는 시도는 이 팀에서도 분명하게 볼 수 있었다. 존은 자신이 제시한 '상자' 아이디어가 최선의 선택이라고 팀원들을 설득했다. 이반과 케리는 자전거 프레임에 이미 고정되어 있는 납땜질된 디딤대 지점을 활용하자고 존을 설득했다. '상자' 콘셉트는 즉각 채택되어 논의되고 여기에 다른 아이디어도 추가되었지만 존은 해결 콘셉트 목록에 상자 아이디어를 추가하도록 신경 쓰는 모습을 보였다.

J: 상자는 이 목록에서 다소 새로운 것 같네요. 백과 관련된 아이디어가 아니라서요.

존 또한 자신이 이 콘셉트에 애착이 있음을 확인했다.

J: 네, 이 상자 아이디어가 정말 마음에 들어요. (웃음)

한 가지 콘셉트를 선택해야 할 때 존은 바로 상자 아이디어를 제안했다.

J: 좋아요. 우리 모두 상자 아이디어를 좋아하죠?

설득의 두 번째 예는 자전거 프레임에 있는 납땜질된 디딤대 지점을 사용하는 아이디어였다. 이반과 케리는 이 아이디어를 전폭적으로 지지했다. 존은 잠시 망설였지만 케리의 '전문가적 지식'을 존중했다.

J: 내 말은 디딤대 지점 주변에 사용하려고 디자인하면 판매 시장 규모가 제한적일 수도 있다는 거예요.

K: 하지만 이건 거의 표준이에요.

J: 더 낮은 건 나도 동의하지만 더 높은 것은 좀…….

K: 그것도 표준이에요.

J: 더 높은 게요?

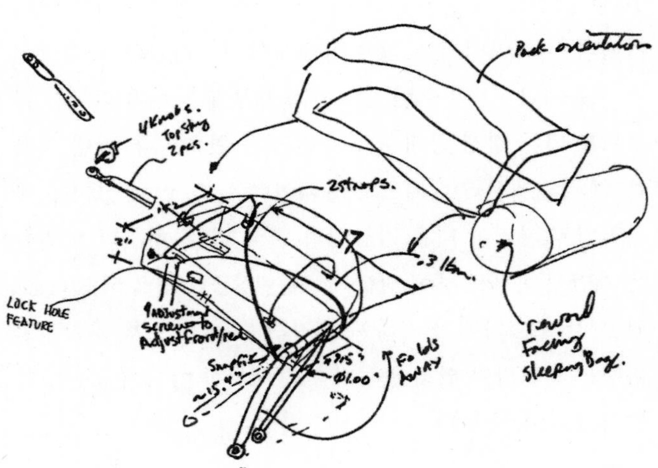

6.5 팀의 디자인 제안 스케치.

K: 그렇게 되고 있죠. 사실 어떤 산악자전거는 떠 있는 것처럼 이상하기도 하지만 뭐…….

J: 케리가 전문 지식을 가진 것 같네요.

팀이 최종 결정을 내려야 할 순간에 케리는 납땜질한 디딤대 지점을 사용하는 아이디어에 대해 열성적으로 반응했다.

I: 받침대 아이디어로 가죠. 아니면 납땜 아이디어 이야기를 해보든가…….

K: 좋아요!

디자이너들이 자신의 아이디어에 애착을 갖는 것은 정상적인 반응이다. 디자인 콘셉트는 단순한 추상적 아이디어가 아니라 디자이너의 노력을 통해 나오는 개인의 통찰력이기 때문이다. '자식'처럼 생각하기 때문에 자신의 디자인 콘셉트를 다른 경쟁 상대 콘셉트에 맞서 변호한다. 이런 애착은 팀 작업에서 인식되고 허용되어야 한다. 이것 없이는 창의적인 디자인이 나올 가능성이 별로 없다. 하지만 팀원들은 제안된 콘셉트 중에 말도 안 되는 것들(배낭을 멘 해리)도 있고 각자 그다지 심각하게 생각하지 않고 그저 창의적인 과정을 진행하기 위해 반농담으로 제시한 아이디어도 있다는 점을 알아야 한다.

갈등의 예방과 해결

디자인 팀에서 구성원 사이에 의견 차이가 생기는 것은 어쩔 수 없다. 기존의 납땜질된 디딤대 부분 사용에 관해 의견이 엇갈린 것을 보았다. 디자이너들이 자신이 내놓은 콘셉트가 더 좋다고 서로 주장하면 문제는 더 심각해질 수도 있다. 하지만 팀 전체가 주어진 디자인 업무에 대해 서로 수용할 만한 결론을 얻으려는 마음이 있다면 갈등을 해결하거나 피할 수 있는 방법을 찾아야 할 것이다. 이 팀에서는 애매하게 동의하거나 묵인하는 경우도 있고 동의하는 것을 뒤로 미루면서 은근히 반대하는 입장을 취하는 경우도 있었다. 예를 들어 받침대 조절 기능에 대한 아이디어를 낼 때 서로 의견이 일치하지 않는 상황이 분명히 드러났다. 존은 받침대 다리를 조절할 수 있어야 한다고 했지만 케리는 그럴 필요 없다고 했다.

J: 문제가 될 수 있는 부분들이 좀 있는데 제작하는 입장에서는 프레임의 크기에 따라 이 거리를 조절할 수 있다면 좋을 것 같네요.

I: 그렇죠.

J: 다리를 미리 더 길게 만들 수 있다면 받침대도 조절할 수 있을 테고 다른 모양의 받침대에서도 조절하려면 어차피 이렇게 돼야 하지 않을까요. 망원경 다리처럼 말이에요.

I: 음…….

K: 내 생각엔 그럴 필요 없을 것 같은데요.

I: (웃음) 알았어요.

K: 바퀴가 66센티미터 정도잖아요, 이게 거의 표준이죠. 당신 말이 맞아요. 하지만 받침대와 자전거에 탄 사람의 각도가 달라지는 것이고 납땜질한 것이 여기 있으면 실제로 거리는 고정될 것이고 높이를 신경 써야겠죠. 그리고 자전거가 높아질수록 여기도 조금씩 높아질 테고요.

나중에 존은 다시 조절 기능 이야기를 꺼내면서 '인간적인 요소'를 부각시키려 했다. 케리와 이반은 애매하게 동의하는 반응을 보였는데 케리는 어깨를 한 번 들썩하는 제스처를 했고 이반은 "알았어요."라고 말했다. 케리와 이반이 그다지 동의하는 것 같지 않다는 것을 존도 분명히 파악했다. 존도 자신이 그저 의견을 주장하는 것으로밖에 보이지 않는다는 것을 인정했다. 디자인을 최종적으로 마무리하면서 조절할 수 있는 방법이 있는지 찾아보자고 이반이 제안하면서 이 문제는 덮어두기로 했다.

J: 자전거를 타는 사람들이 각자 원하는 대로 조절할 수 있는 인간적인 요소가 있어야 할 것 같아요.

K: (어깨를 들썩인다)

I: 알았어요.

J: 음, 그게 내 생각이에요.

I: 한번 아이디어를 내보죠, 뭐.

J: 의견이 아닌 사실 말이에요. (웃음)

I: 조절 가능한 방법을 찾을 수 있을 거예요.

하지만 조절 기능에 대한 애매한 동의는 그 효력이 오래가지 못했다. 나중에 존이 조절 기능에 대해 다시 제안했을 때 케리는 반대 의견을 내놓았는데, 조절 기능이 그렇게 필요했다면 기존의 블랙번 제품에도 포함되었을 거라고 말했다.

J: 좌석 높이에 따라 조절할 수 있는 한 가지 방법은 대bar 하나를 이렇게 하는 거예요.

K: 음…….

J: 이쪽으로 미끄러지게 하면 더 위로 올리고 싶을 때나 아니면 키가 큰 사람이 타거나 바퀴와 거리를 좀 두고 싶을 때 앞으로 이렇게 밀어 넣고 그 위에 잠금장치 같은 걸 달면 되는거죠.

K: 글쎄요. 이 길이를 바꿀 필요는 없을 것 같은데요. 납땜질한 주위를 회전할 정도로 바퀴가 고정되어 있잖아요. 그리고 정말 그렇게 조절할 필요가 있다면 블랙번에서 만든 받침대에도 조절 기능이 있었겠죠.

이런 의견 차이나 애매한 동의는 사람들이 토론이나 대화할 때 흔히 볼 수 있다. 하지만 어떤 목표를 향해 함께 일하는 팀원들은 다른 팀원이 동의하는지 반대하는지 파악할 수 있어야 한다. 분명하게 반대하지 않더라도 기회가 되면 언제든 그 의견을 드러낼 수 있다.

생각해볼 점

이 연구를 통해 연상되는 이미지는 팀 작업으로 디자인 활동을 할 때 흔히 볼 수 있는 장면들이다. 계획된 활동과 계획하지 않은 활동이 모두 일어나는 것을 알 수 있었다. 디자인 지침서나 외부 정보 자료를 잘못 이해하기도 하고 개인이나 공동의 노력으로 해결 방법을 제안하고 전개하면서 비로소 디자인 문제를 이해하기도 했으며 팀원 사이의 의견 차이와 갈등이 어떻게 해결되고 보류되는지도 알 수 있었다.

팀 작업은 분명히 사회적인 과정이다. 따라서 상호작용, 역할, 관계는 팀으로 진행되는 디자인 활동에서 결코 무시할 수 없다. 공동으로 이루어진 이 연구에서는 화이트보드, 종이, 드로잉 도구가 제공되었고 각 팀원이 각자의 스케치를 다른 팀원들과 공유하고 함께 활동 목록을 작성하기도 했다. 드로잉을 서로 공유한 것은 공동 디자인 활동에서 매우 필수적으로 보인다.

이 디자인 활동에서는 일관성이 결여된 적도 있었고 어려운 상황도 있었지만 관찰을 통해 내린 결론은 이 팀이 매우 훌륭하다는 것이다. 팀원들은 생산적으로 일했고 주어진 디자인 업무를 정해진 시간 안에 비교적 성공적으로 해결했다. 팀 안에서의 상호작용, 역할, 관계 면에서도 절망감이나 불만이 두드러지지 않았다. 실험이 끝난 뒤 디자이너들은 주어진 시간 안에 만족스러운 결과를 얻었고, '재미난' 경험을 했다고 말했다.

다음 장에서는 팀과 빅터 셰인먼이 각각 어떻게 다른 방식으로 일하는지 비교하면서 디자인 작업 과정의 전반적인 내용을 살펴보겠다.

7 디자이너가 일하는 방식

앞의 두 장에서 우리는 디자이너들이 디자인 문제를 실제로 어떻게 해결하는지 자세히 살펴봤다. 어떤 면에서는 일상적인 디자인 실무와 전혀 다른 실험실 환경에서의 '프로토콜 연구' 방식으로 자세한 관찰이 가능했다. 이 장에서는 두 실험 연구를 좀 더 폭넓게 요약하고 비교해서 디자이너가 디자인 업무를 대하는 방식에 대한 증거와 결론을 끌어내고자 한다. 몇몇 연구자가 두 실험 연구를 세부 분석 자료로 활용한 사실은 비교와 요약에 도움이 되겠지만 우선 이런 연구가 가지는 문제점과 한계를 알아야 할 것이다.

빅터 셰인먼이 '생각을 말하는' 실험 환경에서는 평상시와 다르게 활동에 제약을 받았다는 것을 분명히 알 수 있다. 그는 보통 때라면 전문가 친구들에게 전화를 "했을 것이다"라고 말했는데 친구에게 전화하는 것은 실험 환경에서 불가능했다(하지만 그는 실험 환경 '외부'로 나가 비슷한 제품을 만드는 회사에 전화로 문의해 실험자들을 놀라게 했다). 실험 기록을 보면 '생각을 말하는' 실험 방식이 생각을 정확히 기록하는 것으로 완전히 신뢰하기에는 무리가 있다는 단서들이 보인다. 몇몇 연구자는 디자인 사고가 원래 비언어적인데 그것을 강제로 언어화하는 프로토콜 연구는 비언어적 사고 과정을 방해했을 거라고 지적했다. 빅터 셰인먼은 말을 하다가 잠시 멈출 때가 많았다. 한번은 실험자가 셰인먼에게 말을 계속하라고 한 적도 있다. 피터 로이드와 그의 동료들은 "셰인먼이 침묵하던 그 짧은 순간 동안 그가 뭔가 깊이 생각하는 것처럼 보였다."라고 했고 "이런 침묵의 순간에 뭔가 결정을 내렸겠지만 침묵 안에서 이루어진 생각이 뭔지는 알 수 없다."라고 말했다.

따라서 디자이너가 혼자 일하면서 자신의 생각을 말로 표현하는 형태의 실험 과정 중에 일어나는 깊은 인지 과정에 대해서는 너무 단정적으로 결론을 내리지 않도록 주의해야 할 것이다. 세 명의 디자이너가 한 팀을 이루어 작업하는 두 번째 실험은 그래도 좀 더 자연스러운 분위기였다. 개인마다 생각의 차이가 있었고 각 개인의 생각을 정확히 파악하는 데 한계가 있었다. 하지만 이들 실험을 통해 유용한 관찰이 이루어졌고 여러 연구자가 꽤 심도 있는 분석을 끌어냈다.

팀 작업

팀 작업 실험에서는 디자이너들이 서로 어떻게 함께 일하는지 관찰할 수 있었다. 우리는 세 명의 디자이너가 어떻게 각기 역할을 맡았는지 볼 수 있었다. 어떤 연구자들은 이 세 명의 디자이너가 디자인에 대한 각기 다른 접근 방식을 보여줬다고 분석했는데, 특히 케리와 존이 접근하는 방식의 차이점에 주목했다. 실험 초기에 케리는 특정 정보를 수집해 하드웨어적인 면과 세부적인 부분에 집중하려 한 반면, 존은 세부적인 면에서 한 발짝 물러나 좀 더 포괄적인 시각으로 문제를 바라보려 했다. 마고 브레러턴Margot Brereton과 그의 동료들은 케리와 존의 서로 다른 접근 방식을 요약했는데, 케리는 직접적으로 대상이 명확한 해결책을 내려 했고 존은 어느 정도 모호한 상태를 유지하려 했다고 설명했다(표 7.1).한 팀에서 이렇게 두 가지 강조점이 나온 것은 좋을 수도 있지만 한편으로는 갈등이 발생하지 않도록 주의해야 하고 건설적인 결과가 나오도록 관리해야 한다. 브레러턴과 그의 동료들은 갈등을 해결하거나 피하려면 이렇게 해야 한다고 주장했다. "상식, 주된 원리나 이론, 전문 지식, 표준 실무 등을 바탕으로 지지를 이끌어내야 한다. 그래야 논쟁을 객관화하고 이유를 설득하고 설명하는 수단을 제공할 수 있다." 실험에 참여한 디자이너들은 경험이 많고 디자인 업무를 대하는 방식이 각자 다르지만 함께 효과적으로 작업

케리 대상이 명확한 해결책을 찾는 데 집중	주어진 배낭과 자전거 전용 디자인
	뒤쪽 배치 강조(가장 가능성 있는 아이디어)
	고정된 디자인
	업계에서 알려진 표준 부착 방식
존 판단을 잠시 유보	여러 종류의 배낭과 자전거에 사용할 수 있는 디자인
	모든 가능한 위치 고려
	조절 가능한 장치
	모든 자전거에 사용 가능한 부착 방식

표 7.1 케리와 존의 서로 다른 디자인 접근 방식.

할 수 있는 전략을 갖고 있는 것 같다(표 7.2 참조). 브레러턴과 그의 동료들은 이런 결론을 내렸다. "이 공동 작업은 그룹 내 역할 균형이 잘 이루어졌고 팀원들 사이에 타협이 잘 이루어져서 성공적이었다. 케리는 직접적인 해결책을 찾는 데 집중했고, 존은 판단을 유보한 채 진행되는 과정을 주시했고, 이반은 해결책을 찾는 과정이 제대로 진행되도록 관리했으며 존과 케리 사이에서 중재 역할을 했다."

디자이너들이 실험에 기여한 정도는 내용이 달랐음에도 양적으로는 비슷했다. 존은 다양한 아이디어를 냈고 다른 두 디자이너도 마찬가지여서 세 명 모두 아이디어를 내는 데 동등하게 기여했으며 존과 케리는 아이디어를 선택하고 결정한 건수가 서로 일치했다(이반은 이들보다 건수가 약간 적었다). 과정을 관리하는 데 이반은 우리가 예상한 대로 케리보다 더 많이 발언했다. 몇몇 실험 분석에서는 존을 팀의 '아이디어 내는 사람'으로서 리더 역할을 수행한 가장 영향력 있는 팀원으로 분석했다. 이것은 단순히 대장 같은 성

이반	화이트보드 관리자
	중재자
	시간 관리자: 팀원들이 시간에 맞게 일을 진행하도록 관리
존	이론가: 상황에 따른 과정 관리
	팀원들이 진행 상황을 제대로 파악하도록 설명
케리	자전거 전문가이자 사용자 대변인 역할
	상황과 세부 지식 추구
	특정한 해결책으로 디자인의 근거 마련

표 7.2 세 명의 디자이너가 담당한 각기 다른 역할.

격이나 '말을 많이 했다'라는 것 때문이 아니다. 앤디 동Andy Dong은 비슷한 실험에서 이 팀과 다른 팀의 대화 패턴을 아주 자세하게 분석했는데, 디자인 팀에 어떤 팀원이 건설적인 영향을 미치는 것은 다른 팀원과의 상호작용과 콘셉트를 분명히 설명할 수 있는 능력에 달려 있다고 주장했다. 동은 이렇게 설명했다. "존은 자기 스스로도 아이디어를 냈지만 이반과 케리의 아이디어를 발전시키는 능력도 있었습니다." 동은 존이 '토론을 정리'하면서 '배낭 전환 키트'나 '진공형 상자'가 될 수도 있겠다고 특징을 잡아 콘셉트를 이끌어내려 한 점에 주목했다. '토론을 정리'한다는 것은 단순히 내용을 요약하는 것이 아니라 기존에 논의된 것으로 해결책과 앞으로 나갈 방향을 제시하는 건설적인 기여를 의미한다. 동은 이를 "팀원 모두가 이해할 수 있도록 디자인 콘셉트를 표현하는 것"이라고 설명했다.

성공적인 디자인 팀 작업에서 팀원 한 사람만이 건설적인 접근 방식에 기여하는 것은 아니다. 동은 성공적인 팀일수록 대화 패턴이 좀 더 집중되어 있는 것을 발견했다. 성공적인 팀의 토론은 더 '일관성'이 있었고 이런 일관성 있는 대화를 통해 팀원들이 디자인 활동에 기여했다. 팀원들이 이전의 대화 내용에서 크게 벗어나지 않고 일정한 맥락을 유지하는 것을 알 수 있었다.

혼자 일하는 디자이너는 함께 작업하는 사람이 없는데 팀 작업과 어떻게 비교할 수 있을까? 동일한 디자인 업무를 통한 이 실험으로 우리는 두 업무 조건을 비교할 수 있었다.

가브리엘라 골드슈미트Gabriela Goldschmidt가 두 실험을 비교했다. 골드슈미트는 팀 작업 환경에서는 디자이너들이 인지적 업무를 서로 공유할 수 있지만 혼자 일할 경우에는 탐색, 구성, 제안, 평가, 수정 등과 같은 다양한 활동을 모두 스스로 해결해야 한다는 점을 지적했으며 셰인먼과 팀의 활동을 서로 비교했을 때 매우 유사한 점을 발견했다. "셰인먼은 전체적인 개요와 기술적인 세부 사항, 디자인 제품의 기능적인 면과 인간 요소와 관련된 문제들 사이를 오가며 작업했다. 그는 기능, 제품의 독창성, 미적 요소, 빳빳함, 강도, 편리함 등도 고려했다. 팀원도 이와 비슷한데, 팀의 경우에는 다른 팀원이 해결책을 제시하도록 하기도 하고 다른 팀원의 아이디어를 발전시키기도 했다. 혼자 일하는 디자이너는 의지할 다른 팀원이 없기 때문에 혼자서 모든 것을 해야 하고 질문을 던짐과 동시에 해결책도 찾아야 한다."

이 말은 디자인 업무의 복잡성을 보여준다. 골드슈미트는 배낭 프레임을 잘 고정시키기 위해 받침대에 플라스틱 클립을 몇 개 추가해야겠다고 셰인먼이 말한 것을 보면 그가 은연중에 여러 역할을 수행하면서 '하나의 팀'으로 활동한 것을 알 수 있다고 결론지었다. 셰인먼은 자신의 생각을 이렇게 말했다. "클립이 왜 필요하냐고요? 외부 프레임 배낭을 사용하는 이점을 살리기 위해서죠. 내부 프레임일 때는 클립이 필요 없어요." 그의 말을 들어보면 셰인먼 1이 묻고 셰인먼 2가 대답하고 셰인먼 3이 디자인 원리를 설명하는 것 같다. 이것은 디자이너들이 드로잉을 하면서 또는 메모를 끼적이면서 은연중에 자신과 대화하는 현상과도 같다.

개인적인 디자인 과정과 팀 작업 디자인 과정에서 모두 도널드 쇤이 디자인을 '사색적인 대화'라고 한 것(1장 참조)이 어느 정도 확인되었다고 볼 수도 있다. 쇤에 따르면 이런 사색적이거나 일관된 '대화'는 이름을 붙이거나 구조 형성 과정을 거치면서 진행된다고 한다. 그는 이렇게 설명했다. "우리는 관심을 가지게 될 것들에 이름을 붙이고 그것들을 적용할 상황을 형성합니다. 해결할 디자인 문제를 파악하려면 디자이너는 디자인 문제 상황을 어떤 틀 안에 만들어야 합니다. 영역을 정하고 특정 요소들을 선택하고 주의 깊게 봐야 할 관계를 파악하고 이후 움직임의 방향을 제시할 수 있도록 일관성을 부여해야 합니다." 이것은 우리가 관찰한 디자이너들을 통해 잘 드러난 특징이다. 디자이너들은 관심을 가지는 문제의 특징을 선택해(이름 붙이기) 탐구할 해결 영역을 파악(틀 형성)한다.

성공하려면 이렇게 이름을 붙이고 틀을 형성하는 활동에 균형이 있어야 한다. 리안 발켄버그Rianne Valkenburg와 키스 도르스트Kees Dorst는 산업 디자인 전공 학생으로 구성된 성공적인 팀과 그렇지 못한 팀을 연구했다. 성공적인 팀은 프로젝트 과정 동안 다섯 개의 콘셉트를 전개했지만 성공적이지 못한 팀은 겨우 하나에 그쳤다. 또한 성공적이지 못한 팀은 이름을 붙이는 활동에 지나치게 많은 시간을 할애했다. 즉 해결 콘셉트를 파악하고 전개하는 것보다 문제의 특징을 파악하는 데 더 많은 시간을 보냈다. 디자인을 하려면 정보를 모아서 정리하고 해결책을 제시하기 위해 다음 단계로 넘어갈 때를 판단하는 능력이 필요함을 알 수 있다.

헨리 크리스티안스Henri Christiaans와 키스 도르스트는 산업디자인 전공 3, 4학년을 대상으로 한 프로토콜 연구에서 일부 학생들이 해결책을 찾는 단계로 진행하지 못하고 정보 수집 단계에 머무르는 것을 발견했다. 정보를 많이 수집하지 못했더라도 잠재된 조건이나 어려움을 인식하지 못한 채 문제를 해결하려는 경향을 보인 3학년 학생들은 문제를 해결하는 데 별다른 어려움이 없는 것으로 보였다. 하지만 4학년의 경우에는 두 가지 유형으로 나뉘었다. 성공적인 해결책을 제시한 팀일수록 정보를 많이 요청하기보다는 바로 문제를 해결하려는 태도를 보였고, 이것은 문제에 대한 어떤 이미지를 의식적으로 형성하려는 것처럼 보였다. 이들은 과정 초기부터 우선순위를 정했다. 이것은 틀을 형성하는 활동이다. 다른 팀의 경우에는 정보는 많이 모았지만 디자인 업무를 실제 수행하기보다는 이름을 붙이는 활동이나 자료 수집 활동을 하는 것처럼 보였다.

디자인 과정

경력이 오래된 디자이너라면 디자인 문제에 대한 정보나 데이터 수집은 아무리 해도 끝이 없지만 해결책을 제안하려면 어느 시점에서는 다음 단계로 넘어가 관련 정보를 파악해야 한다는 것을 안다. 디자인 프로젝트를 진행하다 보면 문제가 정확히 뭔지 파악하기 힘들 때도 있다. 의뢰인이 두루뭉술하게 설명했을 수도 있고 여러 조건들이 명확하지 않을 수도 있으며 프로젝트 참여자 모두 일을 진행하다 보면 알 거라고 생각할 수도 있다.

디자인 문제는 해결 아이디어와 연관 지을 경우에만 명확해지는 경우도 있고 디자이너들은 처음부터 문제를 까다롭게 따지려 들지 않는 편이다. 물론 이것은 중요한 정보를 미리 파악하지 못하고 디자인 작업이 한참 진행된 뒤에야 발견해 과정이 중단되거나 지연되는 결과를 초래할 수도 있다. 이런 이유들 때문에 이상적인 디자인 과정을 위한 모델을 확립하려는 시도가 있었고 좋은 해결책을 보다 효율적으로 찾으려는 아이디어나 방법론, 구조적 접근들이 시도되었다.

그래서 이 실험에서 팀이 과정을 진행하는 '모델'을 스스로 정해 그대로 따르려 했다는 점이 흥미롭다. 이들이 정한 모델 과정은 다음 단계들로 구성되었다.

- 문제 파악
- 콘셉트 도출
- 콘셉트 정리
- 콘셉트 선택
- 디자인
- 발표

어떤 분석가들은 팀(그리고 빅터 셰인먼)이 실제로 따른 과정을 살펴봤다. 요아힘 귄터Joachim Günther 와 그의 동료들은 프로토콜 연구에서 팀원들이 말한 내용을 세 가지 유형으로 분석했는데 (1) 업무 파악 (2) 콘셉트 개발 (3) 콘셉트 확립이었다. 팀에서 실제로 일어난 활동을 분석한 결과는 그림 7.1에서 볼 수 있는데, 세 가지 유형의 활동이 서로 혼합되어 있는 것을 알 수 있다. 전반부에는 '업무 파악'과 '콘셉트 개발'이 반복적으로 나타난다. 이 시기에는 팀원들이 여러 콘셉트를 내어 그 콘셉트들의 의미를 파악하는 활동을 했다.

가능한 해결책을 생각해보면서 문제를 이해하는 방식이다. 팀은 콘셉트 개발 단계와 별개로 '문제 파악' 활동에 오랜 시간을 할애하지 않았지만 20여 분 뒤 해결책의 특정한 측면을 살피기 시작했고 이반 덕분에 '배낭을 받침대에 연결하는 콘셉트'와 '받침대를 자전거에 연결하는 콘셉트'로 나뉘어 있던 것을 하나의 콘셉트로 결합할 수 있었다.

그림 7.1의 그래프는 디자인 과정에서 '콘셉트 개발' 활동이 지배적임을 분명하게 보여주지만 '상자' 콘셉트가 나온 뒤에는 80분 정도 시점에서 이 활동이 바로 멈추었다. 팀은 전반적으로 처음에 수립한 모델 과정에 따라 활동했지만 각 활동을 명확하게 구분 지어 수행한 것은 아니다.

'업무 파악' 활동이 팀의 디자인 과정에서 이렇게 오랫동안 지속된 것이 어찌 보면 의외일 수도 있다. 하지만 이런 유형은 다른 연구에서도 볼 수 있으며 전혀 특이한 현상이 아니다. 비노드 고엘Vinod Goel 은 건축 디자인에 관한 프로토콜 연구에서 '문제 구성' 단계가 전체 과정의 30퍼센트나 차지하고 이 단계가 과정 초기에 집중적으로 나타나긴 하지만 거의 마지막까지 계속해서 반복된다는 사실을 발견했다. 디자인 작업에서 문제와 해결책을 동시에 탐구하는 활동은 꽤 흔하며 키스 도르스트와 내가 함께 한 연구에서 드러난 것처럼 문제와 해결책이 '동시에 진화'한다고 볼 수 있다.

셰인먼은 디자인 과정을 보여주는 그래프(그림 7.2)에서는 활동들이 꽤 분명하게 구분되는데, 특히 첫 30분 동안에는 디자인 지침서를 읽거나 이전 원형에 대한 평가 보고서를 읽고 비슷한 제품을 만드는 회사에 전화를 거는 등 '업무 파악' 단계에 집중하는 것을 알 수 있다. 셰인먼은 배낭을 메고 자전거를 탔던 자신의 경험과 다른 사람들에게 얻은 정보를 통해 업무를 좀 더 파악하기 위해 시간을 할애했다. 팀보다 셰인먼은 사용자와 관련된 내용들에 더 관심을 가졌다. 그는 문제와 관련된 정보를 외면적으로 드러내 목록을 만들기보다는 '내면화'했고(함께 공유할 대상이 없었기

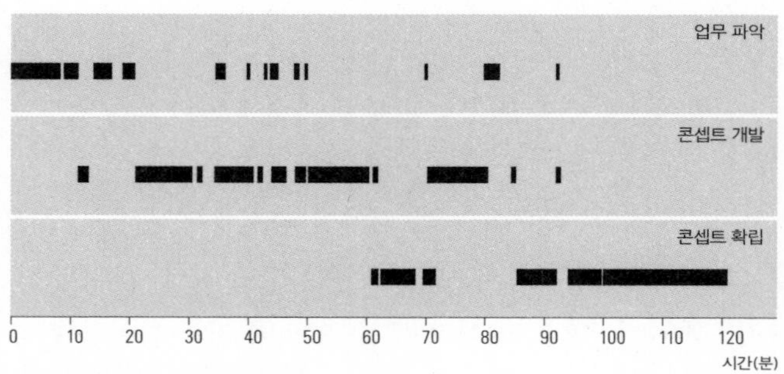

7.1 팀의 디자인 과정 주요 단계.

때문일 것이다) 자신이 생각하는 받침대 위치와 재료(튜브형 스틸)를 정해 그림(안정적으로 고정해야 하는 사용자 요구 조건에 맞는 자전거와 구조 스케치)을 그리기 시작했다. 실제로 셰인먼의 디자인 활동은 팀의 활동과 거의 유사해 그도 부분적인 해결 방안을 내놓은 뒤 장단점을 분석했다.

셰인먼은 "주어진 시간 안에 일하는 건 어렵다."라는 말을 한 적이 있고 시간 제한에 대해 여러 번 언급했다. 주어진 시간과 정해진 계획표 안에서 일이 원활하게 진행되어야 하기 때문에 디자인 과정을 구성하는 일은 꽤 힘들다. 팀의 디자인 과정은 상당히 복잡해 보였다. 원활하게 진행되었지만 동시에 꽤 철저하게 통제되었다. 브레러턴과 그의 동료들은 이렇게 결론지었다. "디자이너들은 여러 차원에서 여러 활동을 지속적으로 진행한다. 문제에 집중하면서도 여러 요구 조건과 대체 해결책의 관점에서 진행 상황을 끊임없이 살핀다. 디자이너들은 진행 과정을 살피고 수정하면서 자신들의 활동을 평가한다."

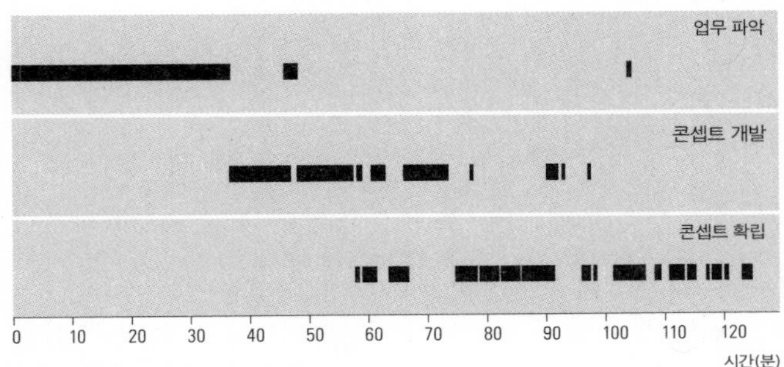

7.2 빅터 셰인먼의 디자인 과정 주요 단계.

셰인먼과 팀의 디자인 과정의 가장 큰 차이점은 개인과 팀이라는 작업 형태의 차이다. 셰인먼은 '1인 1팀'으로 이전 장에서 팀 작업을 분석할 때 살펴봤듯이 다른 사람들과 일하는 부담이나 제약은 없었다.

우리가 관찰한 팀처럼 디자이너들이 대개 디자인 과정을 미리 계획한다는 다른 연구도 있다. 하지만 이와 동시에 역시 우리가 관찰한 팀처럼 계획에서 벗어나 '기회주의적'으로 해결책을 찾기도 하고 디자이너의 관심이 다른 곳으로 쏠릴 때도 많다. 빌레민 비세르Willemien Visser는 자신의 계획대로 디자인 작업을 하는 오랜 경력의 기계공학 디자이너에 대해 연구했는데, 그 디자이너 역시 계획에서 벗어나는 경우가 많았다. 비세르는 이렇게 지적했다. "이 공학기술자는 체계적으로 계획을 짰지만 기회가 생길 때는 계획에서 벗어나기도 했다. 인지적 비용 관점에서 이로울 경우에만 계획대로 활동했다. 인지 활동 면에서 좀 더 경제적인 기회가 발생하면 그는 계획에서 벗어났다." 따라서 비세르는 '인지적 비용(정해진 체계적 접근 방식을 유지하려는 의식)'이 계획된 활동을 하지 않고 비교적 초기부터 부분적인 해결책을 탐색하는 가장 큰 이유라고 보았다.

레이먼드 긴던Raymonde Guindon도 디자인 활동의 '기회주의적' 속성을 강조했는데, 이는 경력 많은 소프트웨어 시스템 디자이너들에 대한 프로토콜 연구를 통해 분명히 드러났다.

긴던은 이렇게 설명했다. "디자이너들은 하향식 접근 방식top-down approach(개괄적인 측면에서 시작해 점차 세분화해가며 처리하는 방식-옮긴이)일 경우 계획에서 일탈하는 경우가 많아요. 이것은 문제 파악과 이해가 해결책 개발보다 앞서 이루어지고 디자인 해결책이 하향식으로 좀 더 자세하게 형성되는 디자인 과정 모형 때문이라고 볼 수는 없습니다." 긴던은 문제 파악과 해결책 개발이 서로 교차하는 것을 관찰할 수 있었고 부분적인 해결책을 개발하면서 이리저리 떠돌거나 갑자기 발견된 기회에 뛰어드는 모습을 살펴볼 수 있었는데 이런 일탈을 통해 '기회주의적 해결책 개발'이 이루어졌다. 하지만 긴던은 이런 기회주의를 디자인 행동의 약점이라기보다는 필연적인 것으로 보았다. "이런 일탈은 나쁜 디자인 습관이나 활동의 흐름을 깨뜨리는 것이 아니라 디자인 초기 단계에 문제를 잘못 파악해서 빚어진 자연스러운 결과입니다." 비세르처럼 긴던도 '인지적 비용'으로 이런 행동을 설명할 수 있을 것으로 봤다. "디자이너들은 생각이 흐르는 대로 일시적으로 따라가다 인지적 비용을 적게 들이고도 부분적으로 해결책을 찾는 것을 유익하다고 생각합니다."

비노드 고엘은 건축가와 다른 디자이너들에 대한 프로토콜 연구를 통해 다음과 같은 사실을 관찰했다. "부분적이고 잠정적인 아이디어와 해결책이 나오면 계속 다듬어져 최종적인 형태가 나온다. 아이디어나 해결책은 한번 나오면 잊혀지거나 버려지는 경우가 매우 드물다." 세인먼과 팀도 이런 식으로 일했다. 고엘은 이 방식을 '점진적 개발 전략'이라고 불렀다. "디자인 업무 환경의 몇 가지 요소가 점진적 개발 전략을 가능하게 하는 것으로 보인다. 첫째, 문제는 광범위하기 때문에 한 가지 해결 방식으로는 해결할 수 없다. 둘째, 디자인 문제에는 몇 가지 논리적 제한이 있고 옳고 그름을 가릴 수 없기 때문에 부분적인 해결책을 포기하고 다시 새롭게 시작할 수 있는 근거가 부족하다. 차라리 이미 있는 것을 계속 개발하는 것이 더 낫다."

창의적인 디자인

팀 작업 환경에서는 팀원마다 좋아하는 방식이 다르기 때문에 계획한 대로 일을 진행하기가 힘든 것 같다. 또한 팀이나 개인 디자이너 모두 일의 진행 흐름이 계획과 차이 날 때가 많다. 데이비드 래드클리프David Radcliffe는 이렇게 결론지었다. "디자인 아이디어가 체계적인 디자인 방법론에 따라 특정 장소나 시점에 국한되어 나타나는 게 아니라는 것을 실험을 통해 알 수 있었다. 디자인 아이디어는 디자인에 관한 대화 과정에서 나오는 것이 분명하다. 아이디어를 내는 활동은 주어진 시간 동안 주어진 절차와 단계에 따라서만 이루어지지 않는다." 래드클리프는 팀의 결정적인 '상자' 콘셉트가 '콘셉트 선택'에 대한 평가가 이루어져야 할 단계에서 나왔다는 점을 강조했다.

팀의 디자인 과정을 분석하면서 데이비드 래드클리프는 팀의 디자인 작업 방식에 약점이 될 수 있는 부분을 발견했다. 이반이 화이트보드에 쓴 여러 콘셉트에서 볼 수 있듯이 팀은 전체적인 문제를 '배낭과 받침대' '받침대와 자전거'를 연결하는 세부 문제로 나누었다(이전 장의 그림 6.4). 래드클리프는 이렇게 문제들을 분해해 쪼개진 문제들에 맞는 해결책을 찾는 데 어려움을 겪었을 것으로 보았다.

문제 구조의 핵심에는 '받침대' 콘셉트가 있었다. 케리와 존은 배낭의 기존 외부 프레임 자체가 받침대 같은 구조라는 점을 언급했다. 케리는 이렇게 말했다. "배낭에 이미 쓸 만한 프레임이 달려 있어요. 이것을 활용하면 좋을 것 같아요." 잠시 후 존이 이렇게 말했다. "우리의 디자인 문제(구조) 밖에 해결책이 있을 수도 있고 배낭의 외부 프레임을 어떤 식으로든 이용하면 받침대가 필요 없을 수도 있어요." 그런 뒤 다시 케리가 이렇게 제안했다. "부착하는 부분이 외부 프레임에 바로 부착되는 다리 같은 것이 될 수도 있죠."

래드클리프는 이렇게 지적했다. "이반은 보드에서 '배낭에서 받침대' 항목 아래에 '프레임에 다리'라고 적었다. 다리 콘셉트가 '배낭에서 받침대·받침대에서 자전거'의 이분법 영역 밖에 있음을 인식하지 못한 것으로 보인다. 팀에서 작업을 기록한 것을 보면 적합한 항목 아래 콘셉트들을 나열하는 것이 덜 체계적이고 통제를 덜 받은 아이디어를 파악하는 일보다 더 우선시된 것 같다."

'받침대 없는' 콘셉트는 팀의 세분화된 문제 영역 어디에도 해당되지 않는 게 분명하다. 팀은 '받침대 없는' 콘셉트를 위한 아이디어를 좀 더 생각하지만 이미 짜인 활동 계획으로 다시 돌아오면서 더 이상 생각하지 않았다. 특정한 틀을 만들어 문제를 그 틀에만 국한시키기 때문에 획기적이고 창의적인 해결책을 낼 기회를 상실한 것이다.

그럼에도 존이 제안한 진공형 상자 콘셉트가 팀의 최종 디자인 제안서의 핵심 콘셉트로 정해지면서 전형적인 '창조적 도약creative leap'이 나타났다. 상자 아이디어는 갑자기 나왔나, 아니면 이전의 아이디어가 쌓이고 발전되면서 형성되었나? 분명히 '상자'라는 말을 사용한 것은 이것이 처음이지만 플라스틱을 재료로 언급한 적이 있고 받침대 장치가 평평하고 단단해야 한다는 이야기가 있었다.

실제로 상자 아이디어를 처음 언급하기 20분 전에 존은 받침대 아이디어와 비슷한 이야기를 했다. "내 친구가 2년 전쯤 사출 성형으로 접을 수 있는 받침대를 만들면 어떨까 하는 이야기를 했죠." 그러자 곧 이반도 자전거에 짐을 실을 수 있는 비슷한 장치를 기억해냈다. "평평하고 패널이 달린 작은 받침대 같은 것인데 패널은 단단하고 바퀴가 달렸죠. 자전거에서 떼어내면 작은 트레일러처럼 되고요." 이반은 케리가 꽤 초기에 그린 자전거 뒤에 '상자'처럼 생긴 것을 그리고는 그 위에 장치가 어떻게 작동하고 자전거 뒤에서는 어떻게 접히는지 겹쳐 그리면서 설명했다(그림 7.3).

그러니까 플라스틱으로 만든 상자처럼 생긴 평평한 장치 아이디어는 존과 이반이 초반에 이미 분명히 언급했고 케리는 말로 설명은 안 했지만 그림으로 그렸다. 중요한 차이점은 존이 '상자'라는 단어를 쓰면서 이 콘셉트를 분명하게 언급한 점이다. '상자' 콘셉트의 강점은 이전의 '평평하고' '접히는' '패널' 콘셉트와 확연히 다르게 적합한 해결책을 좀 더 파악하기 쉽도록 요약했다는 점이다. 이전의 비슷한 콘셉트에서 발전한 것이긴 하지만 이전의 콘셉트는 '상자'가 가지는 '담는' 기능이 없었다. 상자 아이디어는 아마도 담는 기능을 좀 더 강하게 가지는 바로 이전 아이디어였던 백bag에서 발전한 것일 수도 있다. 백처럼 '상자' 콘셉트도 하나의 특정한 문제(배낭 끝을 담는 문제)에 집중한 것으로 보이지만 다른 문제와 기능까지도 만족시키는 방향으로 빠르게 발전했다. 존이 콘셉트를 언급한 시기도 적절했다. 팀

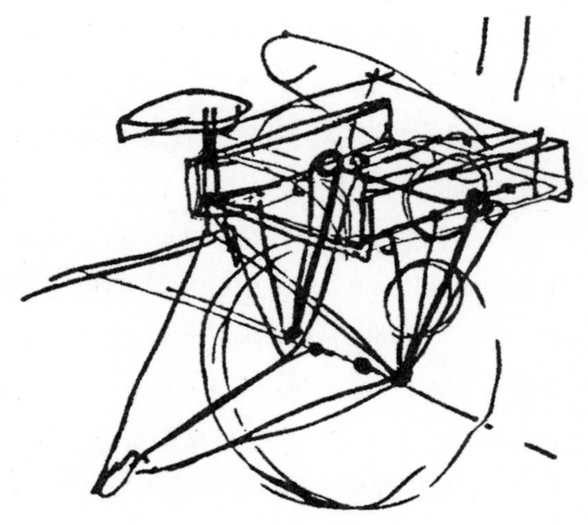

7.3 케리가 초기에 그린 스케치에 이반이 겹쳐 그린 '컨버터블 트레일러' 스케치.

이 '콘셉트를 선택'하고 문제 탐구 단계에서 콘셉트 형성과 최종 디자인으로 넘어가려던 시점이었다.

어떤 사람들은 존이 갑자기 '상자' 콘셉트를 언급한 것이 '창조적 도약'의 예라고 생각할 수도 있다. 하지만 우리가 분석한 바로는, 이 콘셉트는 이전의 콘셉트들과 토론 내용들이 차곡차곡 쌓여서 나온 것이다. 창의적인 디자인은 갑자기 튀어나오는 아이디어가 아니라 적절한 제안서를 만드는 과정이다. 만들어진 제안서는 주어진 문제 상황, 탐구와 재구성을 거친 문제 상황에 적절한 대응책으로 인식된다. 제안서는 디자인 조건과 신제품의 디자인 구조 사이에 해결점을 제시한다. 따라서 창의적인 디자인에서 갑자기 떠오르는 아이디어는 한 단계에서 다음 단계로 훌쩍 뛰어넘는 '창조적 도약'이라기보다는 문제와 해결책 사이에 '창조적 다리'를 놓는 것과 같다.

셰인먼의 디자인 작업을 보면 그가 작업 중에 뭔가 획기적인 요소나 중요한 콘셉트를 발견한 것을 알 수 있다("아하!" "좋은 생각이야!" 같은 말을 했다). 오메르 아킨Ömer Akin과 쳉타 린Chengtah Lin은 셰인먼의 디자인 과정을 분석하면서 그들이 '참신한 디자인 판단'이라고 부르는 몇 가지 상황(디자인 전 과정에서 매우 중요한 특별한 결정들)을 파악할 수 있었다. 셰인먼이 견고함을 위해 삼각형 프레임을 디자인하기로 결정한 것이 한 예다. 셰인먼은 '수백 가지' 일반적인 디자인 판단을 하면서도 열 가지의 참신한 디자인 판단을 한 것으로 아킨과 린은 파악했는데, 이들 참신한 디자인 판단은 세 가지 특징을 지닌다. 참신한 디자인 판단은 문제나 장애물을 해결하고, 기존의 가정을 따르지 않으며, 디자이너들은 이런 참신한 디자인 판단을 전체 디자인에서 중요한 부분으로 인식한다. 아킨과 린은 셰인먼의 활동을 조사(정보 읽기, 자전거나 배낭 살펴보기), 사고(언어적, 비언어적 사고), 드로잉으로 구분했다. 또한 아킨과 린은 셰인먼이 각 활동 간에 오가는 빈도를 기록했는데 참신한 디자인 판단이 발생한 시점과 활동 간에 오가는 빈도 사이에 흥미로운 상관관계를 발견할 수 있었다. 셰인먼은 참신한 디자인 판단을 낼 시점에서 세 가지 활동을 빠르게 왔다 갔다 했다.

아킨과 린은 서로 다른 활동 간에 빠르게 오가는 것이 참신한 디자인 판단을 유발한다고 추론하는 것에 대해서는 신중했다. 이들의 관찰을 통해 어쨌든 이 두 가지가 서로 연결되어 있음을 알 수 있다. 아킨과 린은 이렇게 결론지었다. "우리의 자료를 통해 디자이너들이 뭔가 특별한 판단을 할 때나 획기적인 아이디어를 낼 때 다양한 활동을 하면서 아이디어를 탐색한다는 것을 알 수 있다. 디자이너들은 참신한 디자인 판단을 내릴 시점에 세 가지 활동 모두에 몰두한다." 이 분석을 통해 디자이너들이 디자인의 중요한 시점에서는 문제와 해결책의 서로 다른 측면에 주목해 폭넓게 여러 활동에 몰두한다는 것을 알 수 있다.

디자인 전공 학생들을 대상으로 한 연구에서도 관심과 활동을 자주 전환하는 것이 디자인 콘셉트의 독창성이나 전반적인 질에 영향을 미치는 것으로 나타났다. 헨리 크리스티안스는 산업 디자인 전공 학생들에 대한 프로토콜 연구에서 학생들의 활동을 정보 수집, 스케치, 평가로 구분했다. 우수한(독창적인 디자인 콘셉트를 내는) 학생일수록 각 유형의 활동 사이를 빠르게 오가는 것을 알 수 있었다.

신디 애트먼Cindy Atman과 동료들은 공학기술 전공 학생들에 대한 연구에서 정보 수집, 아이디어 발상, 모형 만들기 같은 디자인 활동 사이에 빠른 전환이 이루어지는 것이 전반적인 디자인 콘셉트의 질과 관련 있음을 발견했다. 이전과 마찬가지로 인과관계를 명확히 알 수는 없다. 활동 사이를 빠르게 왔다 갔다 하는 것이 디자이너를 더 창조적으로 만든다고 단정 지을 수는 없다. 오히려 이런 실험 상황과 같은 집약적인 디자인 작업 환경에서 창의성은 높은 수준의 집중과 참여에 관련된 것으로 보인다.

8 디자인 전문 지식

1장에서 나는 디자인 활동을 조사할 수 있는 몇 가지 방법을 제시했고 중간 장들에서는 내가 진행한 연구를 소개하며 다른 연구자들의 연구와 연결 지어 설명했다. 내 연구 방식은 주로 보고된 자료나 관찰, 분석을 바탕으로 한 실증적인 조사였다. 여러 연구를 설명하고 연관 지으면서 나는 디자이너가 생각하고 일하는 방식에 대해 증거를 기반으로 파악하고자 했다. 하지만 좀 다른 방식으로 디자이너들이 어떻게 일하는지 설명하려고 시도한 적도 있는데, 이것은 좀 더 상상력을 동원한 방법이다. 비유나 은유를 통해 디자이너들이 하는 일이 무엇인지 얼마나 복잡한지 설명한 것이 여기에 포함된다.

허버트 사이먼Herbert Simon은 디자이너의 활동을 개미의 활동과 비교했는데, 매우 독특한 비유이다. 사이먼은 디자이너 같은 창조적인 문제 해결자를 험난한 영역을 가로질러 둥지로 돌아오는 개미에 비유했다. 개미는 바닥과 매우 가까이 있어 개미 주위에 보이는 건 온통 바위들뿐이다. 개미는 영역 전체를 미리 다 볼 수 없어서 목표 지점까지 가는 길에 놓인 장애물들을 알지 못한다. 개미는 그저 장애물이 닥칠 때마다 옆으로 돌아가거나 기어올라 넘어간다. 사이먼은 창조적인 문제 해결자와 마찬가지로 개미도 좀 더 전체적인 관점을 가진 외부 관찰자가 보기에는 해결책(둥지)으로 향해 갈 때 우회적인 경로를 택하는 경향이 있다고 봤다. 사이먼이 이 비유를 통해 말하고자 하는 점은 개미(문제 해결자)의 행동이 복잡해 보이는 이유는 개미가 환경(문제 상황)을 복잡하게 인식한다는 뜻이며 이런 상황에서 행동을 조절하는 근본적인 인지 과정은 이에 비해 간단할 수 있다는 사실이다. 이런 관점에서 보면 디자인을 이해하는 것은 디자인 사고를 이해하는 것이라기보다는 디자인 문제를 이해하는 것이다.

크리스토퍼 존스Christopher Jones는 디자이너를 숨겨진 보물을 찾는 탐험가에 비유했다. 이전 비유와 매우 달라 보이지만 이 비유는 허버트 사이먼의 비유와 몇 가지 공통점이 있다. 분명한 목표가 있고 목표에 도달하면 목표를 인식하게 된다. 알 수 없고 험난한 영역이 있고 목표로 가는 길은 나중에 돌이켜 생각해보면 그렇게 돌아갈 필요가 없었다고 느껴진다. 하지만 사이먼의 개미와 다르게 존스의 탐험가는 지적 능력이 뛰어나다. 이런 지능으로 전략을 짜기도 하고 탐색 과정에서 얻은 단서를 활용하기도 한다. 존스는 디자이너가 디자인 과정을 위한 지도 또는 모형으로 탐색 방향을 잡거나 조절할 수 있다고 보았다.

하지만 사이먼과 존스가 이용한 비유는 한 가지 중요한 측면에서 잘못된 듯하다. 디자인에서는 목표가 무엇인지 미리 알지 못한다. 디자이너는 해결 콘셉트를 전개하면서 목표를 만든다. 목표를 미리 알고 있다면 존스와 사이먼의 말처럼 목표를 찾으면 문제가 해결된다. 하지만 디자이너들이 하는 일은 잃어버린 무엇을 찾아내는 게 아니다. 잊힌 도시나 묻혀 있는 보물을 찾는 게 아니라 환상 속의 도시나 마법의 보물을 스스로 만들어낸다. 어떤 의미에서 디자이너는 진정한 탐험가이다. 사이먼과 존스의 설명처럼 확실한 것을 찾아내기보다는 미지의 영역으로 가는 지도를 만들고 멋진 것들을 발견한다.

디자인 지능

개미와 다르게 디자이너는 고도의 지능이 있어서 계획하고 검토하고 분석하고 적용하고 무엇보다 참신한 해결책을 낼 수 있다는 존스의 주장은 맞다. 나는 디자인 능력이 매우 다양한 측면이 있는 인지 능력임을 이 책에서 보여주고 싶었다. 거기에 더해 '디자이너다운' 사고와 작업 방식이 있어서 이런 방식이 다른 인지 능력과 디자인을 구별한다는 점을 말해주고 싶다.

디자인 능력을 선천적 지능이라고 한 심리학자 하워드 가드너Howard Gardner의 주장도 틀리지 않을 것이다. 가드너는 인간의 지능이 한 가지 형태(주로 지능검사를 통해 파악되는)가 아니라 비교적 자율적인 여러 형태라고 보았다. 가드너는 지능을 여섯 가지 형태로 나누었다.

- 언어 지능
- 논리수학 지능
- 공간 지능
- 음악 지능
- 신체운동 지능
- 인격 지능

디자인 능력은 이런 여러 형태의 지능에 퍼져 있는 것으로 보이며 언제나 만족스럽게 능력이 발휘되는 것은 아니다. 하워드 가드너는 문제 해결에서 공간 능력(마음의 눈으로 생각하는 것 포함)을 공간 지능으로 구분했지만 실제로 문제 해결 능력의 여러 다른 측면(공학기술의 예 포함)이 신체운동 지능으로 구분된다. 가드너의 구분에 따르면 발명가의 능력이 무용가나 배우의 능력과 같다는 이야기인데, 이것은 적절하지 않아 보인다. 따라서 디자인 능력을 아예 다른 형태의 지능으로 구분하는 편이 나을 것 같다.

우리는 이 책 『디자이너의 일과 생각』에 소개한 사례 연구들에서 이 '디자인 지능'의 여러 측면을 보았다. 예를 들어 뛰어난 디자이너들은 고도의 체계적 목표에서부터 실질적 원리에 이르기까지 다양한 차원의 세부적 측면을 자연스럽게 넘나들며 생각할 수 있음을 알 수 있었다. 단순히 '주어진 문제'만 푸는 게 아니라 문제를 좀 더 넓은 시각으로 바라보고 갈등과 불확실성을 해결할 수 있는 상상력 넘치는 의외의 해결책을 낸다. 문제를 파악하고 자료를 수집하고 정리하며 자료를 통해 일관된 유형을 파악하고 문제를 해결하고 가능한 해결 방안을 제시한다. 디자인 지능은 제시된 문제와 해결책의 집중적이면서도 분석적인 상호작용이 필요하고 구체적인 대상과 추상적 사고, 행동하는 것과 생각하는 것 사이에 쉽고 빠르게 전환할 수 있는 능력도 필요하다. 뛰어난 디자이너는 자신의 개인 작업뿐 아니라 팀 작업 환경에서도 건설적인 사고를 한다.

뇌졸중같이 뇌신경이 손상되었을 때 디자인 지능이 영향을 받는 안타까운 경우도 매우 드물지만 있다. 인지 과학자 비노드 고엘과 조던 그래프먼Jordan Grafman은 전두엽 피질(고도의 인지 기능과 관련된 뇌의 전면부)에 발생한 수막종으로 발작을 일으킨 건축가를 연구한 적이 있다. 증상이 나타나기 전까지 이 사람은 매우 성공한 건축가였다. 고엘과 그래프먼은 '통제' 대상(비슷한 교육 및 디자인 경험을 가진 다른 건축가)과 함께 증상 이후 그 건축가의 디자인 능력의 변화를 알아보기 위해 실험실 공간을 다시 디자인하는 비교적 간단한 업무를 제시했다. 두 실험 대상의 디자인 스케치는 그림 8.1과 8.2에서 볼 수 있다. 두 사람 모두 기존의 실험실과 시설들을 살펴보고 드로잉 하면서 일을 시작했다. 건강한 통제 대상은 순환과 구조를 고려해 관련된 스케치들을 했고 몇 가지 디자인 아이디어 중에서 가장 마음에 드는 아이디어를 다듬었다. 신경 손상 환자는 세 가지의 기본적인 미완성 아이디어를 냈고 '최종 제안된 아이디어'는 여전히 내용이 부족하고 미완성 상태였다.

두 실험 대상이 보여준 사고 과정의 차이점은 실험 동안 두 대상이 '생각을 말하는' 과정에서 드러난 인지 활동에 할애하는 시간의 양을 표시한 그래프(그림 8.3)를 통해 분명하게 알 수 있다. 통제 대상은 초기에 '문제 파악'에 집중했다가 '예비 디자인'과 '정리' '세부 사항' 단계로 넘어갔는데 '문제 파악' 단계로 가끔 돌아가기도 했다. 통제 대상의 그래프를 보면 행동 유형이 잘 조절된 것 같으면서도 복잡한 면이 보이는데, 행동 사이에 겹치는 부분이 있었고 빠르게 전환되

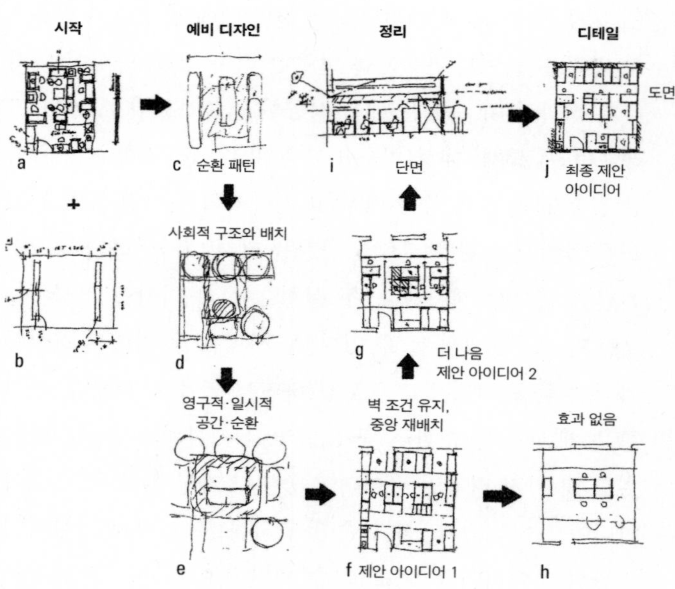

8.1 건강한 통제 대상의 스케치.

기도 했다. 이에 반해 신경 질환 환자는 '문제 파악'에 많은 시간을 할애했고 '예비 디자인'과 '정리' 단계에는 아주 작은 시간만 할애했다. 실험자들은 이렇게 보고했다.

환자는 업무 내용을 이해했고 이것이 아주 간단한 문제라고 인식하기도 했다. 환자는 여전히 전문적인 건축 지식이 있었고 문제 파악 단계 동안 이런 지식을 꽤 능숙하게 활용했다. 하지만 환자의 문제 해결 행동은 다음과 같은 측면에서 통제 대상의 행동과 차이가 있었다.

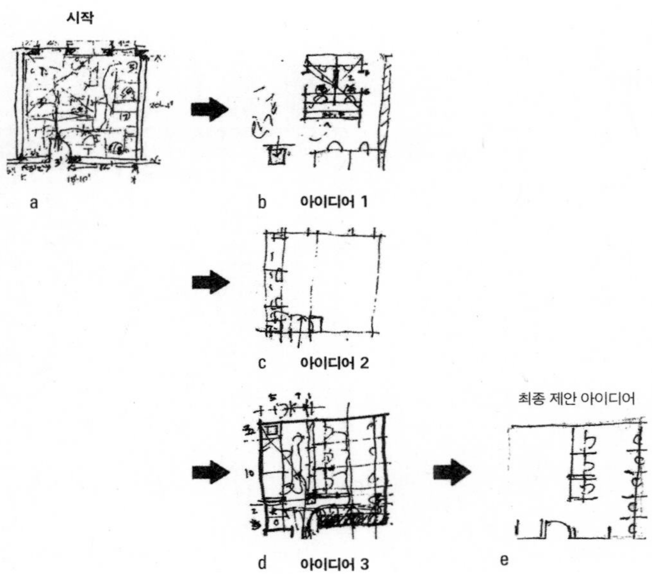

8.2 신경 손상 환자의 스케치.

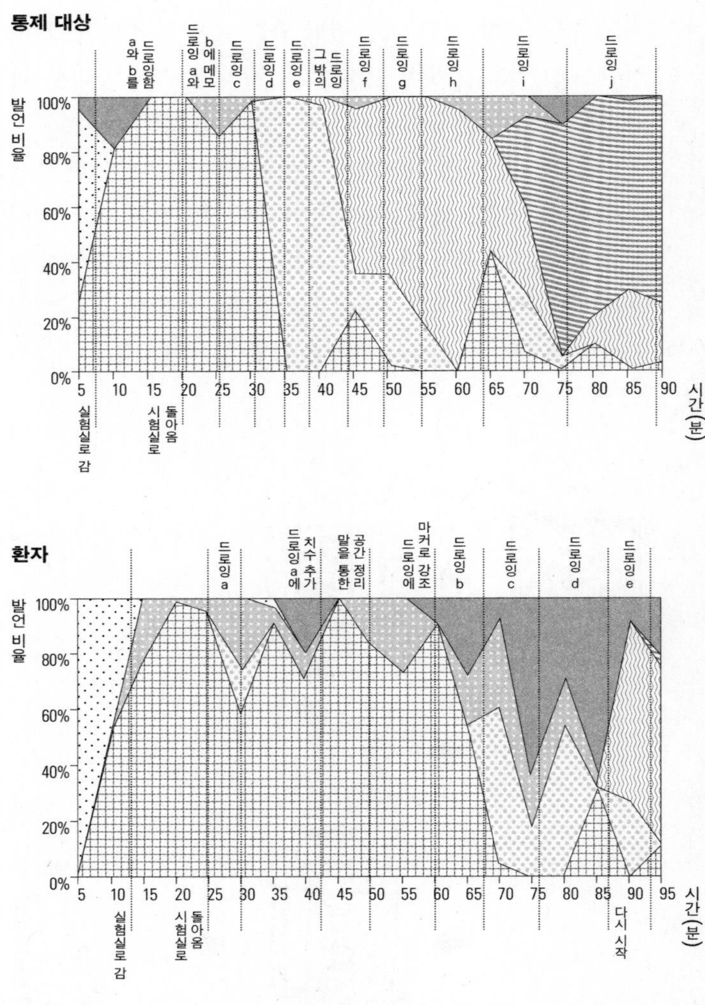

8.3 생각을 말하는 과정에서 기록된 디자인 행동 유형.

(1) 문제 파악에서 문제 해결 단계로 넘어가지 못했다.

(2) 그 결과 실험 시간의 3분의 2가 지날 때까지
예비 디자인 단계에 들어가지 못했다.

(3) 예비 디자인 단계는 매우 짧고 불규칙했으며
세 가지 분리된 아이디어를 낼 수 있었다.

(4) 세 가지 아이디어는 더 이상 발전하지 못했다.

(5) 추상적인 정보 단계에서 예비 디자인이나 이후
단계로 넘어갈 중간 매개체가 없었다.

(6) 세부 사항 단계로 나아가지 못했다.

결국 환자는 비교적 간단한 디자인 업무를 제대로 수행하지 못한 셈이다. 이런 안타까운 경우에 우리는 일반적인 디자인 사고에서 볼 수 있는 상당히 복잡한 측면이 드러나는 걸 볼 수 있고, 두뇌가 디자인 능력에서 중요한 활동을 제어하거나 처리하고 지능의 한 형태로 디자인 사고에 기여하는 고도의 인지 기능을 가졌음을 알 수 있다.

두뇌 활동 연구에서 디자인 사고를 하는 동안 뇌 우반구의 특정 부위가 활성화되는 것을 파악할 수 있었다. 뇌 우반구와 좌반구는 각기 다른 인식 기능을 담당하는 것으로 보인다. 신경학 연구에 따르면 우반구는 공간, 구조, 미적 감각, 감정과 관련 있고 좌반구는 언어, 언어적 논리와 관련 있다. 좌반구가 손상되면 말하는 기능이 손상될 수 있고 우반구가 손상되면 우리가 실험에서 봤듯이 디자인 능력 같은 다른 기능들이 영향을 받는다.

디자인 사고를 다른 형태의 지능으로 본다는 것이 어떤 사람은 가지고 있고 어떤 사람은 가지고 있지 않다는 의미는 아니다. 디자인 능력은 우리 뇌에 이미 있는 선천적 인지 기능이기 때문에 누구나 어느 정도 갖추고 있다. 다른 형태의 지능이나 능력처럼 디자인 지능도 행동으로 나타나기도 하고 다른 사람들보다 능력이 더 크게 발휘되는 사람도 있다. 또한 다른 형태의 지능이나 능력처럼 디자인 지능도 단순히 타고난 재능이 아니라 훈련해서 개발할 수 있는 능력이다. 그렇지 않다면 디자인 학교가 왜 존재하겠는가.

전문 지식 개발

교육은 단순한 지식 개발뿐 아니라 생각하고 행동하는 방식을 개발하는 것이다. 초보자와 전문가의 차이를 우리는 잘 알고 있으며 초보자에서 전문가로 어떻게 발전하는지도 알고 있다. 초보자는 자신의 전공 분야 훈련과 교육을 받고 이후 전문가가 된다. 디자인 교육에서는 초보자에서 전문가가 되도록 실무 기반이 잘 확립되어 있다. 하지만 초보자와 전문가의 차이, 학생들이 초보자에서 전문가가 되도록 돕는 방법에 대한 이해가 부족한 실정이다.

체스, 음악, 과학, 스포츠 같은 다른 분야가 전문 지식을 이해하기 위한 연구를 더 많이 진행해왔다. 이들 연구에서는 인간이 성숙하면서 시간이 지나야만 전문 지식이 개발된다는 견해가 일반적이다. 능력이 절정에 달하면 반드시 떨어질 때가 있게 마련이다. 이렇게 절정에 도달하는 연령은 분야마다 차이가 있다. 스포츠의 경우에는 이십 대 중반이 절정일 수 있지만 정신적인 활동의 경우에는 이보다 훨씬 이후가 될 수 있다. 과학 분야의 경우 주로 삼십 대에 최고의 업적을 달성하는 경향이 있고 예술의 경우에는 사십 대일 수 있다. 매우 뛰어난 사람은 발전하다가 절정에 도달한 이후 내리막길로 가는 전형적인 패턴을 깨고 말년까지 걸작을 내놓기도 한다.

전문 지식에 관한 연구에서 공통적으로 알 수 있는 점은 능력이 전문가 수준으로 인정받기까지 해당 분야에 꾸준히 관여하면서 훈련해야 하는 최소한의 기간이 있는데 그 기간은 해당 분야에 들어서고 나서 최소한 10년이다. 이것은 단순히 해당 분야를 경험하는 것이 아니라 헌신을 의미한다. 전문 지식을 습득하기 위한 핵심 요소 중 하나는 꾸준히 의욕적으로 올바른 방향대로 훈련하는 것이다.

전문 지식 연구 전문가인 심리학자 앤더스 에릭슨Anders Ericsson은 이렇게 주장했다. "음악가, 체스 선수, 운동선수가 어느 정도 수준에 도달하는 것은 꾸준한 훈련과 밀접한 관련이 있다." 학생이 어떤 분야에 소질과 흥미를 보이면 부모나 교사는 학생의 재능을 개발해주려고 한다. 하지만 본인의 노력이 없으면 실력은 늘지 않는다. 에릭슨은 이렇게 말했다. "뛰어난 전문가의 능력은 후천적으로 얻어지며, 오랜 시간 동안 연습하고 훈련해야 높은 수준에 도달할 수 있습니다. 국제적 명성을 얻은 대가들은 대부분 동기부여, 집중, 잘하고 열심히 하려는 의지를 강조합니다. 그들은 타고난 능력이나 재능은 비교적 중요하게 생각하지 않는 듯해요."

전문 지식 개발은 여러 단계를 거친다(그림 8.4). 모든 분야에서 경험 축적은 전문가가 되기 위해 중요한 부분이다. '전문가' 수준을 계속 유지하는 사람들은 절정에 도달하기 전과 떨어지기 시작하는 시점에도 계속 노력한다. 동료들의 수준보다 월등히 높게 자신의 분야에서 뛰어난 업적을 달성하는 사람은 많지 않다. 우리 모두 어릴 때 축구든 바이올린이든 다양한 활동을 접한다. 누구나 계속하면 실력이 늘겠지만 그중 몇 명은 매우 열심히 연습하고 재미를 붙이는데, 이렇게 해서 다른 사람들과 구별된다.

철학자 허버트 드레이퍼스Hubert Dreyfus는 초보자에서 전문

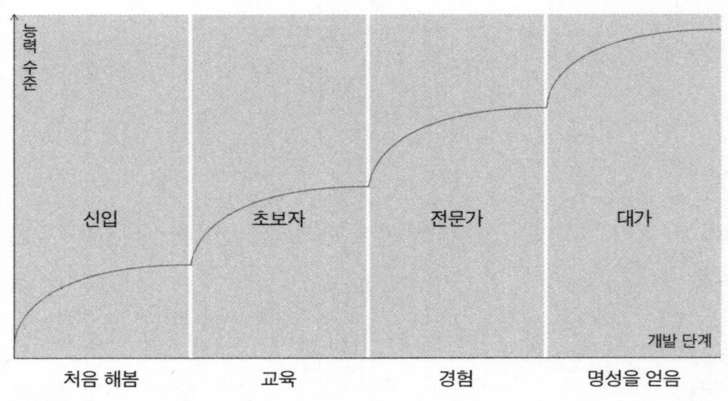

8.4 전문 지식 개발 단계.

가로 그리고 '선지자적' 수준의 능력으로 발전하는 여섯 단계를 제시했다. 그는 초보자가 문제를 대할 때 주어진 원리를 철저히 따르고 '상급 초보자'가 되면 원리의 예외적인 상황에 반응한다고 주장했다. 드레이퍼스는 능숙한 수준, 전문가 수준, 대가 수준의 능력을 다음과 같이 구분했다.

능숙한 문제 해결자는 상당히 다른 방식으로 일한다. 관련성에 특히 집중해 상황 요소들을 선택한다. 목표 달성을 위해 계획을 짠다. 이 수준에서는 기회를 찾으면서 문제를 해결하고자 한다. 과정 중 시행착오를 통해 배우고 분석한다. 전문가는 특정 상황에 직관적으로 반응해 바로 적절한 행동을 취한다. 이 수준에서는 문제 해결과 사고 과정이 구분되지 않는다. 대가는 경험이 많은 전문가의 작업 방식이 자연스럽지 못하고 우연적이라고 생각한다. 대가는 성공과 실패를 분석하면서 전체적으로 해당 분야에 깊이 관여한다. 이런 태도를 갖추려면 상황에 대한 정확한 판단, 미세한 단서도 놓치지 않는 자세가 필요하다.

전문 지식의 수준 향상이 항상 꾸준히 진행되는 것은 아니다. 단순히 더 알고 더 빨리 더 능숙하게 일하는 법을 배우는 문제가 아니다. 수준이 달라지는 것은 다른 방식으로 일하는 능력과 관련 있다. 다른 방식으로 일하는 변화는 배우는 사람 입장에서는 거의 알아채지 못할 수도 있지만 우리 모두가 그렇듯 뭔가 배우면서 실력이 늘면 기본적인 것들은 무의식적으로도 할 수 있는 것처럼 집중의 수준이 변했다는 뜻일 수도 있다.

뛰어난 전문 지식을 개발한다는 것은 어떤 분야에 대해 더 넓고 더 상세하게 이해한다는 뜻이다. 텍스타일 분야의 신입 디자이너와 경력 디자이너에 대한 연구를 보면 신입 디자이너는 시각적인 면에만 집중하고 아이디어를 직조에 어떻게 적용할 것인지에 대한 실질적인 제작 측면은 별로 생각하지 않는 것으로 나타났다. 이에 반해 경력 디자이너(전문가)는 직조의 시각적 · 기술적 요소를 모두 고려하면서 디자인 과정에서 이 두 가지 요소를 동시에 생각한다. 피리타 세이타마 하카라이넨Pirita Seitamaa-Hakkarainen과 카이 하카라이넨Kai Hakkarainen은 '아이디어 공간'과 '제작 공간' 사이의 반복이 전문가의 디자인 과정에서 중요함을 발견했다. 전문가는 한 디자인 공간에서 다른 디자인 공간으로 끊임없이 이동하면서 디자인 해결책을 위한 매우 상세한 과정들을 수행한다.

초보자에서 전문가로 발전하는 과정은 여전히 명확하게 밝혀지지 않고 있다. 디자인학과 3학년과 4학년 학생들에 대한 연구에서 로빈 애덤스Robin Adams와 동료들은 대학에서 3-4년 동안 공부하면서 생기는 각 학생들의 행동 변화가 꽤 복잡하고 다양하다는 것을 발견했다. 많은 학생의 행동 변화를 파악할 수 있었지만, 어떤 학생들은 전혀 행동의 변화가 없는 것처럼 보였고 어떤 4학년 학생들은 주어진 디자인 프로젝트에 더 많은 시간을 할애한다는 것 외에 별다른 행동 변화를 보이지 않았다. 또 어떤 학생들은 디자인 프로젝트마다 다른 행동 변화를 보였다. '상급 초보자'에서 '능숙한' 수준으로 막 넘어가려는 단계여서 각기 다른 문제 상황에 맞게 민감하게 반응한 것일 수도 있다.

앞의 장에서 나는 디자인 전공 학생들이 정보 수집 단계에만 머물러 있으면서 그것을 실제 디자인 작업으로 대체하려는 경향이 있다고 언급했다. 신디 애트먼과 동료들도 이와 비슷한 결론을 내렸는데, 공학 전공 학생들에 대한 프로토콜 연구에서 초보자(디자인 경험이 없는 1학년 학생)들은 문제를 파악하는 데만 엄청난 시간을 할애하고 정작 디자인 결과물의 질은 그리 높지 않았다.

산업 디자인 전공 학생들처럼 공학 전공 1학년 학생들 일부도 문제 파악 단계에서 벗어나지 못해 다음 단계로 제대로 발전하지 못한 것으로 보인다. 하지만 4학년 학생들의 경우에는 '문제 파악(문제와 관련된 다양한 정보를 많이 수집하는 등 분석을 시작하기 전에 문제를 파악할 준비를 충분히 갖춤)'에 집중해 더 나은 디자인 결과물을 만들어냈다.

문제 해결 상황에서 초보자들의 행동은 주로 문제의 '깊이'를 파악하는 것에 집중되는데, 이는 초보자들이 문제를 파악하면서 즉시 상세한 것들을 탐구하기 시작함을 의미한다. 이러면서 부분적인 해결책들을 내는데, 이런 해결책들은 나중에 전체적인 해결책과 잘 들어맞지 않는다. 이에 비해 전문가들의 전략은 다르다. 전문가들은 문제의 범위부터 생각하기 때문에 문제를 넓게 파악하면서 관련된 해결책들을 동시에 전개한다.

이런 초보자와 전문가의 차이점은 사이마 아흐메드Saeema Ahmed와 동료들이 실시한 신입 디자이너와 경력 디자이너에 대한 행동 연구에서도 드러난다. 신입(대졸 신입) 공학기술자와 경력 공학기술자도 이런 차이를 보인다. 신입 공학기술자는 디자인 수정, 평가, 다른 아이디어 발상 등을 반복하는 '시행착오' 방법을 사용한다. 경력 공학기술자는 최종 평가 전에 아이디어를 예비 평가한다. 이들은 경험으로 얻은 선견지명으로 아이디어를 더 발전시키고 실현시킬 가치가 있는지 생각한다.

경력 디자이너의 행동에 대한 더 많은 연구가 진행되면서 초보자는 문제의 깊이, 경력자는 문제의 넓이를 본다는 견해보다 좀 더 복잡한 의견들이 제시되었다. 린덴 볼Linden Ball과 동료들은 공학기술과 소프트웨어 디자이너들의 전략을 연구한 뒤 이렇게 주장했다. "전문가들은 해결책을 구할 때 문제의 넓이와 깊이 모두를 생각한다. 경력 디자이너들이 주로 사용하는 전략은 하향식으로 넓이를 먼저 파악하지만 그들의 전문 분야 상황에서 좀 더 전략적인 접근을 위해서는 문제의 깊이를 파고든다. 따라서 문제가 복잡하거나 디자인이 불확실할 때는 문제를 더 깊이 파고드는 경향이 있다." 이것은 경력 디자이너들 또한 익숙하지 않은 문제에 직면할 때는 디자인의 실현 가능성을 판단하기 위해 문제를 심층 탐구해야 한다는 이야기다.

경력 디자이너들의 문제 해결 전략 가운데 하나는 해결책을 강구하기 전에 미리 문제를 완전히 파악하고 이해하려고 하는 다른 유형의 문제 해결자들의 전략과 조금은 다른 것 같다. 앞서 프로토콜 연구에서 살펴본 것처럼 경력 디자이너들에 대한 많은 연구를 통해 디자이너들이 디자인 작업 초기에 해결책을 추측하면서 문제와 해결책을 함께 탐구하고 파악해나간다는 것을 알 수 있었다. 피터 로이드와 피터 스콧Peter Scott은 건축가와 공학기술 디자이너들에 대한 프로토콜 연구에서 해결책에 집중하는 접근 방식이 디자이너들의 실무 경력의 양과 유형에 관련된 것으로 보았다.

연구에 따르면 경력이 오래된 디자이너들은 좀 더 '생성적인' 사고를, 경력이 짧은 디자이너들은 이와 반대로 '연역적인' 사고를 한다. 특히 특정 분야에 경험이 많은 디자이너들은 문제를 분석하기보다는 해결책을 찾으면서 디자인에 접근한다. 로이드와 스콧은 이렇게 결론지었다. "특정 분야나 문제 유형에 따라 디자이너들은 디자인 문제를 파악하고 인식하면서 해결책을 추측해나가는 접근 방식을 취한다."

전문 지식 개발이 어느 정도 경험의 축적으로 이루어지는 것은 분명하다. 전문가와 초보자의 차이 중 하나가 전문가는 자신의 분야에서 일어나는 다양한 유형과 엄청난 양의 문제와 해결책을 보아왔고 초보자는 아직 그렇지 못하다는 점이다. 하지만 전문가를 능력자로 만드는 가장 중요한 핵심은 축적된 사례들의 세부적인 사항에서 한 발짝 물러나 전체를 보면서 좀 더 포괄적으로 파악할 수 있는 정신적 능력이다. 전문가는 초보자보다 방대한 분량의 정보를 흡수하고 분석하는 능력이 뛰어난 것으로 여겨지며 문제의 표면적 특성에 집중하기보다는 근본 원리를 인식한다. 이런 행동은 체스 게임에서 자주 볼 수 있는데, 체스 대가들은 체스 판에서의 위치를 살피면서 유형을 파악하고 문제 해결을 위한 전략을 짜는 반면 체스 초보자에게는 한 치 앞을 내다보는 일이 쉽지 않다.

브라이언 로슨은 디자인을 체스에 비유하면서 대가 디자이너들은 문제 상황의 패턴을 인식하고 이전에 만들어진 해결책이나 '개요'에 적용했던 기존 지식들을 적절히 활용한다고 주장했다. 건축가들은 안마당 주변과 같은 내부 공간을 구성하고 산업 디자이너들은 제품의 각기 다른 기능들을 하나로 묶는다. 로슨은 체스 대가들처럼 디자인 대가들에게도 문제 상황에 직면했을 때 초반부터 기세를 잡기 위한 '초판 수'가 있다고 보았다. 전형적인 초판 수의 예는 아마도 케네스 그랜지의 사례였을 텐데, 그랜지는 기능과 사용법을 파악하면서 방향을 잡는 식으로 프로젝트를 시작했다.

초보자가 전문 지식을 개발하려면 좋은 선생의 지도를 받으며 엄청난 노력을 해야 할 것이다. 신입 디자이너들은 전공 분야의 좋은 작품들을 많이 접해야 하고 이런 작품들을 통해 배운 것을 자신의 방식으로 흡수하고 원칙을 세워야 한다. 언어를 배우는 것처럼 전문 지식을 이해하고 습득하기 위해서는 여러 단계를 거치면서 직접 경험하고 내면화해야 한다.

전문 지식에 관한 대부분의 연구는 게임(예: 체스)이나 전문가와 초보자의 문제 해결(예: 물리학) 능력을 비교하는 내용이 많았다. 이들 연구에서는 확실하게 정의된 문제들을 다루지만 디자이너들은 제대로 정의되지 않은 문제들과 마주한다. 문예 창작 같은 분야의 전문 지식에 관한 연구에서도 문제가 제대로 정의되지 않는 경우가 있어서 경력 디자이너를 관찰하는 경우와 어느 정도 비슷하다.

전문 지식에 대한 연구를 통해 나온 '표준적인' 결과들 중에는 창조적 영역의 전문 지식에 관한 연구 결과와 일치하지 않는 부분들이 있다. 예를 들어 창조 분야 전문가는 주어진 문제를 더 어렵게 만드는데(제대로 정의되지 않은 문제로 취급하곤 한다) 이것은 전문가들이 문제를 '쉽게' 해결하는 편이고 초보자보다 훨씬 쉽게 해결한다는 추측과 어긋난다. 그러니까 창조적인 전문가는 초보자보다 문제를 '더 어렵게' 다룬다고 말할 수도 있겠다.

문제가 제대로 정의되지 않다 보니 전문가도 행동을 정해진 대로 하지 않는 문제 해결자가 된다. 잘 정의된 일반적인 행동으로 문제를 해결하지 않고 문제에 집중하는 게 아니라 해결책에 집중한다. 초점을 이렇게 바꾸는 행동은 디자인 전문 지식의 특징으로 보이는데, 이는 교육과 경험으로 개발된다. 특히 특정 디자인 분야에 경험이 있으면 문제의 '틀'을 형성하는 단계로 빠르게 진행하면서 해결책을 추측한다. 성공적이고 경험이 많은 디자이너일수록 문제의 틀을 적극적이고 주도적으로 형성하려 하고 해결책의 방향을 제시한다. 문제의 구조를 형성하고 구성하는 과정은 디자인 전문 지식의 핵심적인 특징이다.

명확하게 정의되지 않은 문제의 불확실성에 대처하기 위해 디자이너는 디자인 과정 중에 도출되는 해결책에 비추어 주어진 문제를 정의하고 재정의하고 바꿀 수 있는 자신감을 가져야 한다. 언제나 잘 짜이고 명확하게 정의된 문제만 다루려고 하면 절대 디자이너로서 진정한 보람을 느끼지 못할 것이다!

우리말로 옮기며

이 책 『디자이너의 일과 생각』의 검토를 의뢰받았을 때는 시중에 많이 나와 있는 아이디어 발상법을 알려주는 책이 아닐까 지레짐작했다. 하지만 책을 우리말로 옮기면서 내 짐작이 완전히 틀렸다는 것을 알게 되었다. 이 책은 마치 과학이나 다른 분야의 논문을 읽는 것 같은 느낌이 드는 부분들이 있다. 아마도 디자이너들을 실험 환경에서 작업하게 하고 그 과정을 관찰하고 기록했기 때문일 것이다.

책 앞부분에 나오는 필리프 스타르크의 레몬스퀴저 이야기도 흥미로웠다. 결국 우리가 보고 듣고 경험한 것들이 쌓여 아이디어로 표출된다는 것이다. 우리가 흔히 '갑자기' '번뜩' 떠올랐다는 표현을 쓰는데 아이디어는 그렇게 전구에 불이 켜지듯 갑자기 번뜩 떠오르는 것이 아니다. 갑자기 떠오르는 것처럼 느껴지는 그 보이지 않는 과정을 나이절 크로스는 마치 슬로모션으로 보여주는 것처럼 설명한다.

이 책의 번역을 마무리할 때쯤 인터넷에서 우연히 디자이너 폴라 셰어Paula Scher의 강연 동영상(vimeo.com/48694458)을 보았다. 폴라 셰어는 자신이 디자인한 여러 프로젝트를 소개했는데 강연 후반부에 나온 내용은 이 책에 나오는 케네스 그랜지의 방식과 비슷하다는 생각이 들었다. 의뢰인이 설명한 내용에 국한되기보다는 의뢰인에게 정말 필요한 것이 무엇인지 정확히 파악하는 능력이 있는 사람이 뛰어난 디자이너라는 것을 다시금 깨달았다. 나이절 크로스는 책에서 이렇게 말한다.

> 다른 형태의 지능이나 능력처럼 디자인 지능도 단순히 타고난 재능이 아니라 훈련해서 개발할 수 있는 능력이다. 그렇지 않다면 디자인 학교가 왜 존재하겠는가.

매우 희망적인 말이다. 내가 이 책을 우리말로 옮기면서 많은 생각을 하고 깨달은 것처럼 독자들도 그러기를 바라며 디자인 지능을 개발하기 위한 노력을 멈추지 않길 바란다!

박성은

도판 출처

1.1 필리프 스타르크 제공·사진: 나이절 크로스

1.3 필리프 스타르크 제공

2.1 맥라렌 오토모티브McLaren Automotive 제공

2.2 고든 머리, 맥라렌 오토모티브 제공

2.3 고든 머리 제공

2.4 고든 머리 제공

2.5 고든 머리 제공

2.6 고든 머리 제공·사진: 나이절 크로스

2.7 고든 머리 제공

3.1 케네스 그랜지 제공

3.2 케네스 그랜지 제공

3.3 케네스 그랜지 제공

5.2 와일리 블랙웰Wiley-Blackwell, 빅터 셰인먼 제공

5.3 와일리 블랙웰, 빅터 셰인먼 제공

5.4 와일리 블랙웰, 빅터 셰인먼 제공

6.1 와일리 블랙웰, 이반, 존, 케리 제공

6.2 와일리 블랙웰, 이반, 존, 케리 제공

6.3 와일리 블랙웰, 이반, 존, 케리 제공

6.4 와일리 블랙웰, 이반, 존, 케리 제공

6.5 와일리 블랙웰, 이반, 존, 케리 제공

7.1 와일리 블랙웰, 요아힘 귄터, 에카르트 프랑켄버거Eckart Frankenberger, 피터 아우어Peter Auer 제공

7.2 와일리 블랙웰, 요아힘 귄터, 에카르트 프랑켄버거, 피터 아우어 제공

7.3 와일리 블랙웰, 이반, 존, 케리 제공

8.1 테일러&프랜시스 그룹Taylor & Francis Group (www.informaworld.com), 『인지 신경 심리학Cognitive Neuropsychology』, 비노드 고엘, 조던 그래프먼 제공

8.2 테일러&프랜시스 그룹, 『인지 신경 심리학』, 비노드 고엘, 조던 그래프먼 제공

8.3 테일러&프랜시스 그룹, 『인지 신경 심리학』, 비노드 고엘, 조던 그래프먼 제공